www.ingramcontent.com/pod-product-compliance
Lightning Source LLC
LaVergne TN
LVHW050813051026
849532LV00008B/2980
* 9 7 8 9 3 6 9 0 8 7 4 1 9 *

مذہبی فکر و نظر: حصہ - ۴

(مضامین)

(مجلہ 'صدائے شبلی' [حیدرآباد] کے شماروں سے منتخب شدہ مضامین)

مرتب:

ڈاکٹر محامد ہلال اعظمی

Mazhabi Fikr-o-Nazr - Part:4 *(Essays)*

by: Dr Muhamid Hilal Azmi

Edition: July '2025

Publisher :

Taemeer Publications LLC (Michigan, USA / Hyderabad, India)

ISBN 978-93-6908-741-9

9 789369 087419

کتاب	:	**مذہبی فکر و نظر : حصہ - ۴** (مضامین)
مرتب	:	**ڈاکٹر محامد ہلال اعظمی**
صنف	:	مذہب
ناشر	:	تعمیر پبلی کیشنز (حیدرآباد، انڈیا)
سالِ اشاعت	:	۲۰۲۵ء
صفحات	:	۶۶
سرورق ڈیزائن	:	تعمیر ویب ڈیزائن

فہرست

اخلاقِ نبوی صلی اللہ علیہ وسلم

علامہ شبلی نعمانیؒ

آپ جب بچے تھے اور خانہ کعبہ کی تعمیر ہو رہی تھی، تو اس وقت بھی پتھر اٹھا اٹھا کر معماروں کے پاس لاتے تھے، مسجد قبا اور مسجد نبویؐ کی تعمیر اور خندق کے کھودنے میں جس طرح عام مزدوروں کے ساتھ مل کر آپؐ نے کام کیا، خود دستِ مبارک سے جس طرح پتھر اٹھا اٹھا کر دیا اور جس طرح زمین کھودی اس کی تفصیل جلد اول کے واقعات میں گذر چکی ہے، ایک سفر میں صحابہؓ نے بکری ذبح کی اور اس کو پکانے کے لیے آپس میں کام بانٹ لیے، آپؐ نے فرمایا "جنگل سے لکڑی میں لاؤں گا" صحابہ نے تامل کیا تو فرمایا "میں امتیاز پسند نہیں کرتا۔" ایک اور سفر میں آپ کی جوتی کا تسمہ ٹوٹ گیا، آپؐ نے خود اس کو درست کرنا چاہا، ایک صحابی نے عرض کی یا رسول اللہ لائیے میں ٹانک دوں، فرمایا "یہ تشخص پسندی ہے، جو مجھے محبوب نہیں"، دو صحابیؓ بیان کرتے ہیں کہ ایک دفعہ ہم لوگ خدمت اقدس میں حاضر ہوئے، تو دیکھا کہ آپؐ خود اپنے دستِ مبارک سے مکان کی مرمت کر رہے ہیں، ہم لوگ بھی اس کام میں شریک ہو گئے، جب کام ختم ہو گیا تو آپؐ نے ہمارے لیے دعا خیر فرمائی۔

دوسروں کے کام کر دینا: (خباب بن ارت ایک صحابی تھے، ایک دفعہ آنحضرت ﷺ نے ان کو کسی غزوہ پر بھیجا، خباب کے گھر میں کوئی مرد نہ تھا اور عورتوں کو دودھ دوہنا نہیں آتا تھا، اس بنا پر آپؐ ہر روز ان کے گھر جاتے اور دودھ دوہ دیا کرتے، حبش سے جو مہمان آئے تھے، صحابہؓ نے چاہا کہ وہ ان کی خدمت گذاری کریں لیکن آپؐ نے ان کو روک دیا اور فرمایا "انہوں نے میرے دوستوں کی خدمت کی ہے، اس لیے میں خود ان کی خدمت گذاری کا فرض انجام دوں گا"۔ کفارِ ثقیف جنہوں نے طائف میں آپؐ کے پائے مبارک کو زخمی کر دیا تھا، ۹ رہجری میں وفد لے کر آئے تو آپؐ نے ان کو مسجد نبویؐ میں اتارا اور بہ نفس نفیس ان کی مہمانی کے فرائض ادا کیے۔

مدینہ کی لونڈیاں آپ کی خدمت میں آتیں اور کہتیں "یا رسول اللہ میرا یہ کام ہے"۔ آپ فوراً اٹھ کھڑے ہوتے اور ان کا دستِ مبارک پکڑ لیا، آپؐ نے فرمایا "اے عورت! مدینہ کی جس گلی میں تو چاہے بیٹھ میں تیرا کام کر دوں گا" چنانچہ آپؐ اس کے ساتھ مدینہ کی ایک گلی میں جا کر بیٹھے اور اس کی ضرورت پوری کی، عبداللہ بن ابن اوفی ایک صحابی ہیں، وہ فرماتے:

ولا یانف ولا یستکف ان یمشی مع الارملة والمسکین فیقضی لھما حاجتھما بیوہ اور مسکین کے ساتھ چل کر ان کا کام کر دینے میں آپ کو عار نہ تھا۔

ایک دفعہ آپ نماز کے لیے کھڑے ہو چکے تھے کہ ایک بدو آیا اور آپ کا دامن پکڑ کر بولا "میرا ذرا سا کام رہ گیا ہے، ایسا نہ ہو کہ میں بھول جاؤں، پہلے اس کو کر دو"، آپ اس کے ساتھ فوراً مسجد سے باہر نکل آئے اور اس کا کام انجام دے کر نماز ادا کی۔

(سیرۃ النبیؐ، جلد: دوم، ص: ۲۷۰/۲۷۲)

مولوی صفوۃ الرحمن صلبو۔ حیدرآباد

نبی آخرالزماں محمد مصطفیٰ صلی اللہ علیہ وسلم

شرک ولہو ولعب سے اجتناب

یہ قطعاً ثابت ہے کہ آپ بچپن اور شباب میں بھی جبکہ منصب نبوت سے سرفراز نہیں ہوئے تھے مشرکانہ اعمال ورسوم اور لہو ولعب سے الگ رہے۔ بتوں کے نام پر جو جانور ذبح کیا جاتا تھا آپ وہ بھی نہیں کھاتے تھے۔

آپ کے احباب خاص

نبوت سے پہلے جو لوگ آپؐ کے احبابِ خاص تھے۔ وہ سب نہایت پاکیزہ اخلاق، بلند مرتبہ اور عالی منزلت تھے۔ مثلاً ابوبکر صدیقؓ۔ بی بی خدیجہؓ کے چچازاد بھائی حکیم بن حزام جو قریش کے نہایت معزز رئیس تھے۔ ضمانت ثعلبہ۔ جو طبیب اور جراح تھے۔

آفتاب رسالت طلوع

نزولِ وحی سے چند سال کبھی کبھی آپ کو ایک چمک اور روشنی نظر آتی۔ جس سے آپ خوشی محسوس کرتے۔ رفتہ رفتہ کائناتِ ارضی وسماوی پر غور وفکر اور خلوت نشینی کی طرف میلان بڑھتا گیا۔ آپ اپنے ساتھ کھانے پینے کا کچھ سامان لے کر شہر سے چند کوس پرے کوہ حرا کے ایک غار میں جا بیٹھتے تھے۔ اللہ تعالیٰ کی یاد میں مصروف رہتے۔ جس میں اللہ تعالیٰ کی حمد وثنا بھی شامل تھی۔ اور قدرتِ الٰہی پر تدبر وتفکر بھی۔ کئی کئی دن وہاں اسی طرح تن تنہا تشریف رکھتے۔ کھانے پینے کا سامان ختم ہوجاتا تو گھر تشریف لاتے اور پھر سامان لے کر واپس جاتے اور بدستور مشغول ہوجاتے یہ گویا ہدایت کی طلب اور حق کی تلاش تھی۔ سورۃ الضحیٰ آیت ۷ میں اسی جانب اشارہ ہے۔ وَوَجَدَكَ ضَآلًّا فَهَدٰى: اور (اللہ تعالیٰ نے) آپ کو حق سے لاعلم پایا پس آپ کو ہدایت دی۔

(نوٹ:۔ بزرگانِ دین نے ذات وصفاتِ الٰہی کے مراقبات، چلہ کشی، خلوت نشینی کے جو طریقے ایجاد کئے اور ان کی عقیدت میں امت کی اکثریت عوام ہوں کہ خواص اس کی افادیت کی قائل ہے۔ ان غیر مسنون اعمال کے جواز میں آپ کا یہی عمل پیش کیا جاتا ہے اور حیرت ہوتی ہے کہ جو دین کے مجدد کہلائے انہوں نے بھی مراقبات اور خلوت نشینی کے جواز میں اس واقعہ سے استدلال کیا ہے۔ اور اس بنیاد پر ذکر الٰہی کے مروجہ اشغال ومراقبات کو بدعات میں شمار نہیں کیا ہے۔ واقعہ یہ کہ جب اہل علم، صاحبانِ کشف وکرامت کے احوال سے مرعوب ہوجاتے ہیں تو ان کے تجویز کردہ غیر مسنون اعمال کے جواز میں محمد صلی اللہ علیہ وسلم کی زندگی سے کوئی ایک واقعہ ڈھونڈھ نکالتے ہیں اور شخصی مرعوبیت کی وجہ سے یہ غور کرنے کی توفیق نہیں ہوتی کہ آپ کا یہ عمل جو نبوت سے پہلے کا ہے اس سے ان کے غیر مسنون اعمال کا کچھ مناسبت بھی ہے یا نہیں۔ نبی کریم صلی اللہ علیہ وسلم کا یہ عمل، خلوت نشینی وذکر الٰہی وغور وفکر، ظاہر ہے کہ تلاشی حق کے لیے تھا۔ یہ انابت الی اللہ اس لیے تھی کہ حق واضح ہوجائے۔ اور ربانی تعلیم وہدایت سے آگاہی بخشی جائے۔ پس آپ کا وہ عمل نہ سنت رسول کی تعریف میں آسکتا ہے اور نہ امت کے

لیے اسوہ حسنہ ہوسکتا ہے۔قبل نبوت کے اس عمل کو اسوہ حسنہ قرار دینا ایک ایسی لغزش ہے جو ہر قسم کے غیر مسنون اعمال وبدعات کا سرچشمہ بنی ہوئی ہے۔ جب تک اس غلطی کی اصلاح نہ ہوگی' کتاب وسنت کی روح پرور' آفرینِ حکمت آموز۔بصیرت افروز تعلیم سے غفلت ہی رہے گی۔صاحبانِ کشف وکرامات تو پیدا ہوتے رہیں گے مگر باطل شکن مردان مجاہد۔صاحبانِ عزیمت وجہاد' کبریت احمر کی طرح نایاب ہوں گے۔(جب آپ کی عمر ۴۰ سال کی ہوگئی تو ایک دن جبرئیلؑ آئے اور نبی کریم کو اللہ تعالیٰ کا وہ کلام پڑھایا جو نعمتِ عظمی اور نعمتِ خاصہ ہے۔اور وہ حقیقتِ کبریٰ ہے جو ساری حقیقتوں کا سرچشمہ ہے۔جبرئیلؑ نے کہا پڑھئے۔"اِقْرَاْ بِسْمِ رَبِّکَ الَّذِیْ خَلَقَ(۲) خَلَقَ الْاِنْسَانَ مِنْ عَلَقٍ(۲) اِقْرَاْ وَرَبُّکَ الْاَکْرَمُ(۳) الَّذِیْ عَلَّمَ بِالْقَلَمِ(۴) عَلَّمَ الْاِنْسَانَ مَالَمْ یَعْلَمْ" (۵:سورۃ العلق (پڑھ اپنے پروردگار کے نام سے جس نے (سب کچھ) پیدا کیا جس نے انسان کو خون کے لوتھڑے سے بنایا (ہاں) پڑھ اور تیرا پروردگار بڑا کرم والا ہے۔جس نے قلم کے ذریعہ علم سکھایا۔انسان کو وہ تمام علم دیا جو وہ نہ جانتا تھا۔

اپنے بندے کو جس پر نبوت ختم کی جانے والی تھی۔اس کو سب سے پہلے جس حقیقت سے روشناس کیا گیا اور انسان کی جس اہم اور بنیادی احتیاج کو بیان کیا گیا وہ علمی احتیاج ہے حق کی پہلی تعلیم عبادتِ الٰہی کی تعلیم نہیں۔مکارم (اخلاق کی تعلیم نہیں تھی۔حقوق انسان کی تعلیم دی گئی وہ یہ کہ انسان سب سے زیادہ جس خاص نعمتِ الٰہی جس رحمتِ خاصہ کا محتاج ہے وہ علم کی نعمت ہے۔ربِّ اعلیٰ وعظیم کا بڑا کرم' اپنے مربوب پر' اپنے محتاج پر یہی ہے کہ اس نے متاجِ علم کو علم کی روشنی عطا کی۔ پھر وہ علم سینہ بہ سینہ نہیں' کانا پھوسی' سرگوشیوں میں نہیں۔چھومنتروں میں نہیں' اسرار ورموز میں نہیں' زبانی نہیں' بلکہ وہ علم جو قلم وکتاب سے پھیلتا ہے۔قلم کے ذریعہ صفحہ قرطاس پر نمایاں ہوتا ہے۔جس کو لکھ کر سورج کی روشنی کی طرح تمام دنیا کے سامنے رکھا جاسکتا ہے۔اور جسے ہر آدمی جب چاہے سیکھ سکتا ہے' جانچ پڑتال کر سکتا ہے۔یہ وہ علم بھی نہیں جو اشاروں میں ہو۔عام فہم الفاظ میں نہ ہو۔سمجھ میں نہ آنے والے فقروں میں ہو۔چھپی ڈھکی باتوں میں ایسا علم' علم نما جہل ہے۔ایسے علم سے دل ودماغ روشن نہیں ہوتے' بلکہ قوائے عقل معطل ہوجاتی ہیں۔علم کی فضیلت وبرتری کا ایک اعلان وہ تھا جو فرشتوں کے ادعائے تسبیح وتقدیس کے مقابلے میں کیا گیا تھا۔

عَلَّمَ اٰدَمَ الْاَسْمَآءَ کُلَّهَا (البقرہ:۳۱) ترجمہ: اور آدم کو تمام چیزوں کے اسماء کا علم عطا کیا۔اور یہ حقیقت واضح کی گئی کہ اصل بزرگی وکمال تسبیح وتقدیس میں نہیں ہے۔کائنات ارضی وسماوی کی ہر شئے مصروف تسبیح ہے یعنی رب کی اطاعت کرنے میں مصروف ہے۔انسان جس کے تصرف میں کائنات کی ہر شے ہے اس کی اصل تسبیح علمِ حق کا حصول ہے اسی نعمتِ خاصہ کی بدولت انسان خلافت الارض کے منصب پر فائز کیا گیا۔بمقابلہ آدمؑ فرشتوں کے ادعائے تسبیح وتقدس کے وقت جو اعلان کیا گیا تھا۔بنی آدمؑ کے آخری ہادی ورہنما بننے والے کی رہبری کا آغاز بھی اسی اعلان سے کیا گیا۔آیت کریمہ "عَلَّمَ" الْاِنْسَانَ مَالَمْ یَعْلَمْ" (العلق:۵) میں یہ اشارہ تو موجود ہے کہ اشیاء ما یحتاج کا علم' رشتے ناتوں کا علم' کھانے پینے' رہنے بسنے۔ پہننے اوڑھنے' سونے جاگنے۔سامان زندگی کو فراہم کرنے اور بنانے کا علم بھی انسان کو اللہ تعالیٰ ہی نے سکھایا۔آدمؑ کو بلا واسطہ

اور اولاد آدمؑ کو بالواسطہ آمد مگر جو اصلی نکتہ اس آیت میں بیان ہوا ہے وہ یہ کہ رب کریم جو کریم ہی نہیں بلکہ اکرم ہے۔ اس کی ربوبیت اسی پر ختم نہیں ہو جاتی کہ وہ اپنے مربوب کو صرف پرورشِ شکم و آسائشِ جان اور تزئینِ صورت ہی کے علم کی نعمت دے کر بس کر دے ایسی نا تمام و ناقص ربوبیت' ربِّ اعلیٰ و عظیم کے شایان شان نہیں ہے بلکہ تمام رحمت یہ ہے کہ اپنے مربوب محتاج کو علم کی اس نعمتِ عظمیٰ سے بھی سرفراز کرے جس کے بغیر انسان نہ اپنے خالق و رب کو پہچان سکتا ہے۔ نہ اپنی فطرت اور فطری حیثیت بندگی۔ نیز نہ اپنے فرائض حیات کو سمجھ سکتا ہے اور نہ اپنے انجام سے باخبر ہو سکتا ہے۔ اور نہ جس کے بغیر انسان مہذب وشائستہ (صالح) ہو سکتا ہے۔ اس علم سے اگر وہ بہرہ ور نہ ہو تو پھر ایسا جیسا کہ ارشاد ہے انسان' جانور سے بدتر ہے۔

"اِنْ هُمْ اِلَّا كَالْاَنْعَامِ بَلْ هُمْ اَضَلُّ سَبِيْلًا"

(فرقان: ۴۴) جہل و ظلمت کی تاریک دنیا میں علم کا "سراج منیر" روشنی کا چراغ جس کو بنانا تھا۔ اس کو پہلا سبق یہی پڑھایا گیا اور یہ نکتہ سمجھا دیا گیا کہ نبی امّی کے ذریعہ علم و حکمت کی روشنی انسانوں کی صلاح و فلاح کے لیے آ رہی ہے وہ سینہ بسینہ ہوگی بلکہ کتاب ہوگی یعنی لکھی جائے گی۔ وہ کوئی ایسی بات نہ ہوگی جو صرف زبانوں سے کہہ دی جائے گی۔ بلکہ وہ قرآن ہوگی یعنی پڑھی جاتی رہے گی۔ الفاظ "اِقْرَاْ وَعَلَّمَ بِالْقَلَمِ" میں پڑھنے پڑھانے اور تحریروں و کتابت کی ضرورت و اہمیت کی طرف اشارہ ہے۔ چنانچہ سمجھنے والے نے اس اشارے کو سمجھ لیا اور علم کی کتاب کی شکل میں محفوظ کرتا گیا۔ اور پڑھتے رہنے کے لیے نماز بھی بذریعہ جبرئیلؑ سکھا دی گئی تا کہ "اقرا" کی مشق جاری رہے۔

علم حق سے بے بہرہ جاہل و نادان انسانوں کی جہل و ظلمت کی تاریکیوں سے نکالنے کے لیے' ان کے افکار و اعمال و فلاح کے لیے' اپنے بندۂ خاص کو' علم کی طلب میں دنیا کی تمام مصروفیتوں اور دلچسپیوں سے کنارہ کش ہو کر غارِ حرا کے گوشۂ تنہائی میں بیٹھنے والے بندۂ خاص کو علمِ حق کا یہ بنیادی سبق دیا گیا کہ اللہ کے سوا کوئی الٰہ نہیں ہے۔ "لا الٰہ الا اللہ نہیں ہے کوئی معبود (پیدا کرنے والا' پالنے والا' جنت و دوزخ میں ڈالنے کا اختیار و قدرت رکھنے والا' حاجت روا' فریادرس' داتا' مشکل کشا' قادر مطلق) سوائے اللہ کے" (محمد: ۱۹) یعنی استعانت' مانگ' دعا' مخلوق سے نہیں بلکہ خالق و ربِ عزوجل سے قائم کرنا چاہیئے۔ منصب نبوت سے سرفراز ہو کر اور علم و آگہی کی روشنی لے کر آپ غارِ حرا سے واپس ہوئے اور سب سے پہلے ان ہی لوگوں کو اس رحمتِ خاصّہ سے نوازا آپؐ سے جن کے' خصوصی تعلقات تھے۔ آپ کی چہیتی بی بی خدیجہ الکبریٰ۔ زیر پرورش چچازاد بھائی علیؓ جو اگرچہ سن بلوغ کو نہیں پہنچے تھے مگر ایک ہوش مند صاحبزادے تھے۔ مخلص دوست ابوبکرؓ۔ پروردہ غلام زید بن حارثؓ۔ اس کے بعد بلالؓ۔ عمرو بن عتبہؓ۔ خالد بن سعدؓ۔ نے یہ سعادت حاصل کی۔ ابوبکر صدیقؓ نے اپنے احبابِ خاص عثمان غنیؓ۔ زبیر۔ عبدالرحمٰن بن عوفؓ۔ طلحہؓ۔ سعد بن وقاصؓ کو اس آبِ حیات کے گھونٹ پلائے اور رفتہ رفتہ "سراج منیر" کی لو میں ایک سے دوسرا چراغ روشن ہوتا گیا۔ جن میں مرد بھی تھے عورتیں بھی تھیں۔ اہل حق کی یہ مختصر جماعت پہاڑ کی گھاٹی میں جا کر اپنے ربّ اعلیٰ و عظیم کے حضور میں اپنے فقر و بندگی کا اظہار کرتی تھی۔ یعنی نماز پڑھا کرتی تھی۔ ابتدا علم حق کی روشنی چپ چاپ پھیلتی رہی اور علی الاعلان اشاعت علم کے لیے حکم کا انتظار تھا۔ کیونکہ اصل کام تو حق سے برگزشتہ تمام انسانوں کو در حق پر جھکانا تھا۔ تین سال کے بعد تبلیغ عام کا حکم نازل ہوا۔

امانت علی قاسمی۔استاذ حدیث وفقہ دارالعلوم حیدرآباد

حجاب قرآنی تعلیمات کا حصہ

آج حجاب کے تعلق سے پورے ملک میں اور خاص طور پر کرناٹک میں عجیب وغریب بے چینی پائی جارہی ہے، حالیہ دنوں میں کرناٹک کے اسکول وکالج میں جو کچھ ہوا اوراس کے جواثرات پورے ملک میں دیکھے گئے ،اس نے ملک کے ہر باعزت شہری کوشرم سار کردیا۔ ہندوستان ایک جمہوری ملک ہے اور یہاں کی قدیم روایات گنگا جمنی تہذیب ہے، اس ملک میں سینکڑوں سالوں سے ہر مذہب اور ہر کلچر کے ماننے والے لوگ اپنے مذہب اور کلچر پر عمل کرتے رہے ہیں، کثرت میں وحدت یہاں کا نعرہ رہا ہے، اوراسی کو یہاں کی خوبصورتی تسلیم کی گئی ہے لیکن لگتا ہے کہ اس خوبصورتی کو کسی کی نظر لگ گئی ہے۔

حجاب سے آج بعض لوگوں کو دقت ہورہی ہے اور اسے ایک مخصوص یونیفارم سمجھا جارہا ہے جب کہ حقیقت یہ ہے کہ حجاب مخصوص یونیفارم نہیں ہے؛ بلکہ یہ اسلامی تعلیمات کا لازمی حصہ ہے اور مسلم عورتوں کا تشخص اور تہذیبی وراثت ہے، یہ حجاب ان کی عصمت کی بھی حفاظت کرتا ہے۔ ان کو عزت واحترام کا مقام عطا کرتا ہے، اور وحشی نما انسانوں اور قلب ونظر کے مریضوں سے ان کو بچاتا ہے۔

آج پڑھے لکھے طبقہ میں یہ تصور عام کیا جارہا ہے کہ پردہ کوئی چیز نہیں ہے؛ بلکہ یہ تشدد اور کٹرپنتھی کو ظاہر کرتا ہے اسلامی تعلیمات سے اس کا کوئی لینا دینا نہیں ہے، اس لیے حقیقت پسندانہ جائزہ لینے کی ضرورت ہے۔

حجاب درحقیقت عورت کی عصمت کی حفاظت اور اس کی عزت و وقار کے لیے ہے، اسلام نے عورت کی عزت وناموس کی حفاظت پر بہت زیادہ زور دیا ہے، اسلام سے پہلے جس طرح زنا کی گرم بازاری تھی اور عورت جس قدر بے حیثیت اور لہو ولعب کا آلہ تھی، باپ جس دام میں چاہے بیٹی کو فروخت کردیتا تھا، بیوی شوہر کی چتا پر ''ستی'' ہوجاتی تھی عورت کو مالک بننے کا کوئی حق نہیں تھا، ان سب کا تقاضا تھا کہ عورت کو اس کا حقیقی مقام دیا جائے اور اس پر عملی اقدامات کیے جائیں اور عورت کے ناموس کی حفاظت کی جائے، اس لیے نہ صرف اسلام نے زنا کو حرام قرار دیا؛ بلکہ زنا کے تمام راستوں کو بند کردیا، اس پس منظر میں اسلام نے جو اقدامات کیے ہیں ان میں ایک تو یہ ہے کہ عورت کے لیے اس کی تمدنی ذمہ داریوں کا محل متعین کردیا ہے کہ وہ گھر ہے، عورت گھر کی ملکہ ہے، اس کی تمام تر رعنائیاں اسی سے ہیں؛ اس لیے عورت زیادہ سے زیادہ گھر میں رہے تاکہ اپنی خاندانی ذمہ داریاں اور نسل نو کی تربیت حسن وخوبی کے ساتھ انجام دے سکے اس سلسلے میں عورت کو پہلی ہدایت یہ کی گئی:

وَقَرْنَ فِیْ بُیُوْتِکُنَّ وَلَا تَبَرَّجْنَ تَبَرُّجَ الْجَاهِلِيَّةِ الْأُوْلٰى (احزاب: ۳۲)

اور گھروں میں قرار کے ساتھ رہو اور جیسے بن سنور کر ایام جاہلیت میں عورتیں گھروں سے

نمائش کے لیے نکلا کرتی تھیں اس طرح مت نکلو۔

اس آیت میں پہلا حکم عورت کو یہ دیا گیا کہ بلاوجہ گھر سے باہر نہ نکلیں اور اگر ضرورت کی وجہ سے نکلنا پڑے تو زمانہ جاہلیت کی عورتوں کی طرح بن سنور کر نہ نکلیں۔ اس کے بعد دوسرا حکم یہ دیا گیا کہ گھر میں ہوں یا گھر سے باہر ہوں عورت و مرد دونوں کے لیے ضروری ہے کہ اپنی نگاہیں نیچی رکھیں بلاوجہ غیر محرم پر نگاہ ڈالنا فتنہ کا باعث ہو سکتا ہے:

قُلْ لِّلْمُؤْمِنِيْنَ يَغُضُّوْا مِنْ اَبْصَارِهِمْ وَيَحْفَظُوْا فُرُوْجَهُمْ ذٰلِكَ اَزْكٰى لَهُمْ اِنَّ اللّٰهَ خَبِيْرٌ بِمَا يَصْنَعُوْنَ وَقُلْ لِّلْمُؤْمِنٰتِ يَغْضُضْنَ مِنْ اَبْصَارِهِنَّ وَيَحْفَظْنَ فُرُوْجَهُنَّ (نور: ۳۰)

اے نبی! مومن مردوں سے کہہ دیجیے کہ اپنی نظریں بچا کر رکھیں اور اپنی شرم گاہوں کی حفاظت کریں یہ ان کے لیے زیادہ پاکیزہ طریقہ ہے جو کچھ وہ کرتے ہیں اللہ اس سے باخبر ہے۔ اے نبی ﷺ! مومن عورتوں سے کہہ دیجیے کہ اپنی نظریں پست رکھا کریں اور اپنی شرم گاہوں کی حفاظت کریں۔

یہاں دوسرا حکم نگاہوں کو پست رکھنے کا دیا گیا اور یہ حکم مرد عورت دونوں کو دیا گیا۔ تیسرا حکم یہ دیا گیا ہے کہ اگر کسی سے بات کرنی ہو یا کچھ لینا دینا ہو تو پردہ سے بات کرلے یا لین دین کرلے تاکہ حسن و جمال کی پیکر پر کسی شیطان کی نگاہ نہ پڑ جائے اور دل میں کسی قسم کی بے حیائی کا داخلہ نہ ہو جائے۔

وَاِذَا سَاَلْتُمُوْهُنَّ مَتَاعًا فَسْئَلُوْهُنَّ مِنْ وَّرَآءِ حِجَابٍ ذٰلِكُمْ اَطْهَرُ لِقُلُوْبِكُمْ وَقُلُوْبِهِنَّ (احزاب: ۵۳)

اے مسلمانو! اگر تمہیں نبی کی بیویوں سے کوئی چیز مانگنی ہو تو پردے کی اوٹ سے مانگو۔

آیت میں اگر چہ خطاب صحابہ سے ہے لیکن اصول تفسیر کا قاعدہ یہ ہے کہ الفاظ کے عموم کا اعتبار ہوتا ہے خاص واقعہ کا اعتبار نہیں ہوتا اب اگر تعلیم، معاش، علاج یا دیگر کسی ضرورت پر عورت کو گھر سے باہر نکلنا پڑے تو یہ حکم دیا گیا کہ پردہ کر کے گھر سے باہر نکلے:

يٰۤاَيُّهَا النَّبِيُّ قُلْ لِّاَزْوَاجِكَ وَبَنٰتِكَ وَنِسَآءِ الْمُؤْمِنِيْنَ يُدْنِيْنَ عَلَيْهِنَّ مِنْ جَلَابِيْبِهِنَّ ذٰلِكَ اَدْنٰۤى اَنْ يُّعْرَفْنَ فَلَا يُؤْذَيْنَ وَكَانَ اللّٰهُ غَفُوْرًا رَّحِيْمًا (احزاب: ۵۹)

اے نبی! اپنی بیویوں اور بیٹیوں اور اہل ایمان کی عورتوں سے کہہ دیجیے کہ اپنے اوپر چادروں کے پلو لٹکا لیا کریں یہ زیادہ مناسب طریقہ ہے تاکہ وہ پہچان لی جائیں اور ستائی نہ جائیں اور اللہ تعالی غفور و رحیم ہے۔

امام ابوداؤدؒ نے ایک حدیث نقل کی ہے کہ ایک خاتون جن کا نام ''ام خلاد'' تھا آپ ﷺ کے پاس اپنے بیٹے کا حال معلوم کرنے آئیں جو شہید ہو چکا تھا اس وقت وہ نقاب پہنے ہوئے تھیں، نبی کریم ﷺ کے ایک صحابی نے ان کی استقامت پر تعجب کرتے ہوئے پوچھا

کہ آپ نقاب پہن کر اپنے بیٹے کا حال دریافت کرنے آئی ہیں؟ انہوں نے اس کے جواب میں فرمایا: میرا بیٹا مرا ہے، میری حیا نہیں مری۔ اس کے بعد آپ ﷺ نے اس کو تسلی دیتے ہوئے فرمایا تمہارے بیٹے کو دو شہیدوں کا اجر ملے گا انہوں نے پوچھا ایسا کیوں ہوگا یا رسول اللہ؟ آپ نے فرمایا اس لیے کہ اس کو اہل کتاب نے قتل کیا ہے (سنن ابی داؤد، حدیث نمبر: باب فضل قتال الروم علی غیرہم من الامم)

ان آیتوں میں غور فرمائیں تو معلوم ہوگا کہ حجاب کی تعلیم قرآن کریم میں صراحت سے ثابت ہے، یہ کسی فقیہ کا اجتہاد نہیں بلکہ اللہ کا حکم ہے جسے مسلمان عورتیں کسی صورت میں نظر انداز نہیں کر سکتی ہیں اور جو لوگ حجاب کی مخالفت کر رہے ہیں وہ درحقیقت ایک مذہب کے ماننے والوں کو اس کے مذہب پر عمل کرنے سے روک رہے ہیں، جب کہ ملک کا دستور ہر شہری کو اپنے مذہب اور مذہبی کتابوں پر عمل کی آزادی دیتا ہے، تعلیم اور یونیفارم کے نام پر کسی کو مذہبی تعلیم پر عمل کرنے سے روکنا باشعور معاشرہ کی علامت نہیں ہوسکتا ہے۔ آج یہ مسئلہ ملک کی پارلیمنٹ اور عدلیہ دونوں جگہ زیر بحث ہے اور ہر چوک چوراہوں اور ٹی وی ڈیبٹ میں یہ گفتگو کا موضوع بنا ہوا ہے اگر اس کا انصاف پسندانہ جائزہ لیا گیا تو یقین ہے کہ ملک کا اکثریتی طبقہ بھی حجاب کو احترام کی نگاہ سے دیکھے گا اور صدیوں پرانی مشترکہ تہذیبی وراثت کو جو لوگ ختم کر کے ملک میں انارکی پھیلانا چاہتے ہیں اسے سمجھے گا۔ اور ملک کی اقلیتوں کے ساتھ اظہار یکجہتی کرے گا۔

احمد نور عینی۔ ریسرچ اسکالر جامعہ عثمانیہ حیدر آباد

ہے جنوں تیرا نیا، پیدا نیا ویرانہ کر

مسائل کا رخ موڑنے اور اقدامی طور پر فکری یلغار کرنے کی حکمت عملی اپنائی جائے

ہمارا یہ دیش فکری جنگ سے دوچار ہے، یہ جنگ برہمنواد نے اپنے نظام حیات کے لیے چھیڑ رکھی ہے، یہ دیش برطانوی غلامی سے تو آزاد ہوگیا مگر برہمنوادی غلامی سے اب تک آزاد نہ ہوسکا، یہ غلامی ہزاروں سال سے جاری ہے، برہمنواد نے اپنا ورچسو (تسلط) باقی رکھنے کے لیے مختلف ادوار میں مختلف حکمت عملیاں اپنائی ہیں، ہر دور میں اس کا مقصد ایک ہی رہا، حکمت عملیاں بدلتی رہیں، گوتم بدھ کے انقلاب سے پہلے اس کی جو حکمت عملی تھی رد انقلاب اور اس کے بعد کے دور میں اس نے اپنی اس حکمت عملی میں تبدیلی لائی، صوفی تحریک کے دور میں بھی اس نے اپنی حکمت عملی تبدیل کی، مسلم دور حکومت میں اس کی حکمت عملی کچھ اور رہی اور انگریزوں کے آنے کے بعد کچھ اور (تفصیل کے لیے دیکھیے: سوامی دھرم تیرتھ کی کتاب The Menace of Hindu Imperialism)۔

برہمنیت کی تاریخ کا تجزیاتی مطالعہ بتاتا ہے کہ موجودہ جمہوری دور میں برہمنواد کا تسلط دراصل غلامی کا تیسرا دور ہے۔ پہلا دور ودیشی یوریشیائی حملہ آور قوم کے بھارت پر غلبہ کے بعد شروع ہوتا ہے، عدم مساوات پر مبنی طبقاتی نظام، برہمن طبقہ کی سریشٹا (افضلیت)، مولنواسی قوموں کی بنیادی حقوق اور عزت واحترام سے محرومی، یگیہ کے نام پر بے تحاشا جانوروں کی اور خاص کر گائے کی قربانی اور تشدد (ہنسا) پہلے دور کی نمایاں خصوصیات ہیں۔ یہ دور گوتم بدھ کے انقلاب تک چلتا ہے، گوتم بدھ کے انقلاب کی بنیادوں میں مساوات کا پیغام، اہنسا (عدم تشدد) کا درس، جنم کے بجائے کرم (عمل) کے معیار فضیلت ہونے کا تصور، یگیہ کی ممانعت اور پالی زبان کا استعمال قابل ذکر ہیں۔ گوتم بدھ کے پیروکاروں کی "سنگھ" نامی جماعت نے بدھ کے پیغام کی تبلیغ واشاعت کا کام کیا اور اشوک کے بدھ مت قبول کرنے کے بعد اس تحریک کو حکومتی سرپرستی میں پھلنے پھولنے کا کافی موقع ملا۔ برہمنواد نے تحریک کو دبانے کے لیے مختلف حربے اپنائے اور رد انقلاب شروع کیا، برہمن طبقہ کے باشعور لوگوں نے سنگھ میں داخل ہوکر سنگھ کی قیادت اپنے ہاتھ میں لے لی، بدھ مت کی تعلیم گاہوں میں بھی برہمن بدھسٹ اونچے مناصب پر فائز ہوئے، یوں بدھ مت کے پردے میں برہمنی مت مضبوط ہوا، رد انقلاب کے اس دور میں گوتم بدھ کی تعلیمات کچھ کی کچھ ہوگئیں، انھیں اوتار مان لیا گیا، ان کی تحریک کی انقلابیت کو ختم کردیا گیا، بدھ مت مہایان ہنایان دو بڑے حصوں میں تقسیم ہوگیا، سنسکرت کو دوبارہ زندہ کیا گیا، برہمنی مت کے باز استحکام کے لیے لٹریچر کا بڑا ذخیرہ تیار کیا گیا، برہمن طبقہ بدھسٹ خانقاہوں اور تعلیم گاہوں میں تو داخل ہوا ہی، بدھسٹ حکومت یعنی موریہ حکومت کے اندر بھی داخل ہوا، چنانچہ پشیہ متر سونگ نامی برہمن فوج میں سپہ سالار کے عہدے تک پہنچا اور آخری موریہ راجہ برہدتیہ موریہ کا قتل کرکے حکومت پر قابض ہوگیا، آخری موریہ راجہ

کے قتل کے بعد برہمنواد کو حکومتی قوت حاصل ہوگئی، بدھ مت کے پیروکاروں کی لنچنگ کی گئی، ان کا قتل عام کیا گیا، بدھ عبادت گاہوں اور خانقاہوں کو یا تو مسمار کیا گیا یا مندر میں بدل دیا گیا۔ اس رد انقلاب کے ذریعہ غلامی کے دوسرے دور کا آغاز ہوتا ہے، اس دور غلامی میں پہلے دور غلامی کی خصوصیات تو ہیں ہی، ان کے علاوہ ذات پات کا استحکام، ذاتوں کی بنیاد پر مولنواسی قوموں یعنی شودر اتی شودر (موجودہ: ایس سی، ایس ٹی او بی سی) کی ہزاروں ٹکڑیوں میں تقسیم، بین ذاتی کھان پان اور بین ذاتی شادی بیاہ پر پابندی، ہر ذات کے ساتھ مخصوص پیشہ کا لزوم، پیشہ بدلنے کی ممانعت، ذات کے قوانین کا نفاذ، ان قوانین کی خلاف ورزی پر ذات سے باہر کردینے کی سزا، چھوت چھات کا رواج، گائے کا تقدس، برہمن کو دیوتا ماننے کا عقیدہ، دیوتا طبقہ کی طرف سے بے حیائی کو مقدس ماننے کی ذہنیت، گائے کھانے کی وجہ سے اچھوت پن کا نفاذ، شاستروں کے ذریعہ ذات پات کے نظام کو قانونی و مذہبی حیثیت کا حصول، مندر کلچر کا فروغ، بدھ عبادت گاہوں اور خانقاہوں کی مندر میں تبدیلی، گوتم بدھ کو اوتار ماننے کا عقیدہ، گوتم بدھ کی مورتیوں کا مختلف دیوی دیوتاؤں کے روپ میں استعمال اس دوسرے دور غلامی کی قابل ذکر خصوصیات ہیں۔

اسی دوسرے دور غلامی میں تاجرین، مبلغین اور فاتحین کے ذریعہ اسلام کی بھارت میں آمد ہوئی، ان تینوں میں مبلغین یعنی صوفیاء کا کردار بہت اہم ہے، اسلام کی انسانیت اور مساوات پر مبنی تعلیمات نے یہاں کے لوگوں کا دامن دل کھینچا اور لوگ اسلام میں داخل ہونے لگے، اسلام میں داخل ہونے کا یہ عمل صوفی تحریک کے آغاز میں ایک تحریک بن گیا، اور بڑے پیمانے پر لوگ اسلام قبول کرنے لگے، بلا امتیاز ذات پات صوفیا کا عوام سے ربط، لنگر کا نظام، انسانی بنیادوں پر خانقاہوں میں سب کا استقبال اور سب سے بڑھ کر اسلام کی اپنی کشش ان سب باتوں کی وجہ سے قبول اسلام کے عمل نے ایک انقلابی شکل اختیار کرلی، اس دور کے ڈانڈے بھارت میں مسلم سلطنت کے قیام کے دور سے مل جاتے ہیں، صوفی تحریک کا غلام یعنی شودر واتی شودر ذاتوں پر اتنا اثر پڑا کہ ان پست و پسماندہ ذاتوں میں برہمنیت کی مخالف اور مساوات کی داعی تحریک کھڑی ہوئی جس کو بھگتی تحریک کا نام دیا گیا، کبیرداس، رودی داس، گرونانک اور بسویشور اس تحریک کے نمایاں نام ہیں۔

برہمنواد کے لیے اس انقلاب کو روکنا اور اپنا تسلط سماج پر باقی رکھنا ایک چیلنج بن گیا، البتہ خانقاہوں کے انقلابی کردار کا مقابلہ کرنے کے لیے اس نے آشرم اور مٹھ کے نظام کا سہارا لیا، جس میں غیر برہموں کے لیے بھی پروہتائی روا رکھی، بھگتی تحریک میں گھس کر اس کا رخ بھی موڑ دیا اور آگے چل کر خانقاہی نظام کی انقلابیت بھی باقی نہ رہی، اسی طرح برہمنواد غیر مسلم سماج پر تسلط برقرار رکھنے میں کامیاب رہا، اس کامیابی کے کئی اسباب ہیں، جن میں مسلم بادشاہوں کا شاہانہ مزاج، بھارتی سماج کا تنوع اور اس کی پیچیدگی، محکوم طبقات کی زبان سے حاکم طبقے کی ناواقفیت، برہموں کی تعلیمی وفکری قابلیت اور شودر واتی شودر کی تعلیمی وفکری محرومی، مذہبی رواداری اور مذہب پر عمل کی آزادی وہ نمایاں اسباب ہیں جن کی بنیاد پر مسلم حکمرانوں کی طرف سے برہمن طبقہ کو سماج پر تسلط برقرار رکھنے آزادی مل گئی۔ برہمنواد کی طرف سے خانقاہوں کی انقلابیت ختم کرنے اور غیر مسلم سماج پر

اس کا تسلط قائم ہونے کے بعد اسلام کی اشاعت وحفاظت رک سی گئی۔ البتہ گوتم بدھ کے انقلاب کو پلٹنے کے لیے برہمواد نے جوردانقلاب برپا کیا تھا اس میں وہ بدھسٹ اور غیر بدھسٹ دونوں کو یعنی پورے سماج کو دوبارہ غلامی میں جکڑنے میں کامیاب ہوگیا؛ مگر قبول اسلام کا جو انقلاب آیا اس میں وہ غلامی سے آزاد ہونے والوں یعنی مسلمانوں کو دوبارہ غلام نہیں بنا سکا اور نہ اسلام میں ایک حرف کی بھی تحریف کرسکا، یہی وہ بات ہے جس نے جمہوری دور میں برہمواد کی مستقل نینداڑا رکھی ہے۔ مسلم عہد سلطنت کے قیام سے برہمنوں کو یہ فائدہ ہوا کہ غیر مسلم سماج پر برہمنوں کے تسلط کو مذہبی رواداری اور مذہب پر عمل کی آزادی کے نام پر سرکاری سرپرستی حاصل ہوگئی، وہیں مسلم سماج کا یہ فائدہ ہوا کہ علما نے اس سماج کی مذہبی ودینی تربیت پر یکسوئی کے ساتھ توجہ دی، جس کی وجہ سے آج اسلام بھی اپنی واضح شکل میں موجود ہے اور مسلمان بھی اپنے نمایاں تشخص کے ساتھ موجود ہیں، جب کہ برہمواد نے نہ بدھ مت کو اس شکل پر باقی رکھا اور نہ بدھ قوم کا کوئی مستقل تشخص قائم رکھا؛ مسلم عہد سلطنت میں برہمن سماج اور مسلم سماج دونوں کا فائدہ ہوا؛ مگر پست وپسماندہ سماج کا دوہرا نقصان ہوا، مسلم سماج کے اعتزال کی وجہ سے یہ لوگ برہمواد سے آزاد نہ ہوسکے اور برہمن سماج کو سرکاری سرپرستی ملنے کی وجہ سے ان کی غلامی کی زنجیریں پہلے سے زیادہ سخت ہوگئیں۔

اسلام آنے کے بعد اور مسلم سلطنت کے قیام کے بعد ہونے والی اس تبدیلی کو ہم غلامی کا تیسرا دور تو نہیں کہہ سکتے؛ البتہ اسے غلامی کے دوسرے دور کا ایک اہم مرحلہ کہہ سکتے ہیں، ایک ایسا مرحلہ جس کی خصوصیات میں شودر واتی شودر کہے جانے والے مولنواسیوں کا بڑی تعداد میں برہموادی غلامی سے آزاد ہوکر اسلام قبول کرنا، قبول اسلام کی تحریک کو دبانے کے کے لیے برہمواد کی طرف سے آشرم اور مٹھ کے نظام کا سہارا لینا، پست وپسماندہ طبقات میں چلنے والی بیداری کی تحریک کا رخ موڑنا، مذہبی رواداری اور مذہب پر عمل کی آزادی کے نام پر برہمواد کا سرکاری سرپرستی میں غیر مسلم سماج پر ورچسو اور تسلط حاصل کرنا قابل ذکر ہیں۔ یہ مرحلہ انگریزی تسلط تک چلتا ہے، انگریزوں کے تسلط کے بعد سے بھارت کے عوامی جمہوریہ ہونے تک کا مرحلہ غلامی کے دوسرے دور کا آخری مرحلہ ہے، اس آخری مرحلہ میں بھارت کے عہد جدید کی برہمنیت مخالف تحریک کا آغاز ہوتا ہے، یہ تحریک شودر (موجودہ: او بی سی) طبقہ کے ایک عظیم قائد بابائے قوم جیوتی با پھلے کی قیادت میں شروع ہوتی ہے، ان کے بعد شاہو جی مہاراج سے اس کو تقویت ملتی ہے، پھر ڈاکٹر بی آر امبیڈکر اس کی کمان سنبھالتے ہیں، حیدرآباد کے بی شیام سندر، ٹاملناڈو کے پیریار، کیرلا کے شری نارائنا گرو اور دوسرے کئی بہوجن قائدین اس کی سرکردگی کرتے ہیں، یہ تحریک دراصل عہد جدید میں برہمنیت مخالف انقلاب ہے۔ دوسرے دور کی غلامی کے اس آخری مرحلہ میں انقلاب اور ردانقلاب کی کشمکش چلتی رہی، یہ کشمکش تیسرے دور کی غلامی میں بھی داخل ہوئی اور ابھی تک جاری ہے۔

تیسرے دور کی غلامی میں برہمواد کو ایک بڑے چیلنج سے نمٹنا پڑا، وہ چیلنج جمہوریت کی وجہ سے پیدا ہوا تھا، برہمواد سے جس طبقہ کا مفاد وابستہ ہے وہ اقلیت میں ہے، اس کو حکومت کرنے کے لیے اکثریت کی تائید چاہیے تھی،

اس چیلنج سے نمٹنے کے لیے برہموں کے دو گروہ ہوگئے، دونوں میں سے ہر ایک نے اپنے لیے الگ راہ منتخب کی، دونوں کا طریقۂ کار ایک دوسرے سے مختلف تھا، البتہ مقصد دونوں کا ایک تھا، برہمواد کے خاتمہ کے لیے دونوں میں سے کوئی تیار نہیں تھا، دونوں میں سے ایک نے سیکولرزم کا انتخاب کیا، اور ایک نے ہندوتو کا۔ اصل میں دیش کی آزادی کے وقت تین ہی صورتیں تھیں: مسلم حکومت قائم کی جائے، ہندوراشٹر (برہمن راشٹر) قائم کیا جائے، سیکولر حکومت بنائی جائے۔ سورنوں اور برہموں کا جو گروہ مسلمانوں کے ساتھ تحریک آزادی میں شریک ہوا تھا اس کے سامنے سیکولرزم کو کے علاوہ کوئی اور چارہ نہیں تھا، کیوں کہ مسلم حکومت سے وہ راضی ہوجائے اس کا کوئی تصور ہی نہیں تھا، اور مسلمانوں کو چھوڑ کر اچانک کوئی نیا ووٹ بینک بنالے یہ کوئی آسان نہیں تھا، ہندوتوادی برہموں کو شبانہ روز جو محنت کرنی پڑی اس سے بھی یہ بات ثابت ہوتی ہے کہ یہ کوئی آسان کام نہیں تھا، یہ آسان اس لیے بھی نہیں تھا کہ تحریک آزادی کے دور میں برہموں اور سورنوں نے پست وپسماندہ ذات کو نظر انداز کیا تھا، امبیڈکر جب پست طبقات کو ہندو قوم سے الگ کرنے اور انھیں مستقل حقوق دینے کا مطالبہ لے کر اٹھے تو اس وقت سورنوں اور برہموں نے کچھ ہمدردی دکھانی شروع کی، مگر مسلم قوم کو یکسر نظر انداز کر کے ہندو کے نام پر پست وپسماندہ طبقات کو چند سالوں میں اپنا ووٹ بینک بنالینا پھر بھی آسان نہیں تھا۔ اس گروہ کے لیے آخر میں یہی صورت بچی کہ سیکولرزم کو اپنالیا جائے، آزادی کے وقت جب قومیت کی بحث چھڑی تو متحدہ قومیت کو ماننے والی مسلم قیادت سیکولر برہموں کے ساتھ تھی، سیکولر برہموادی گروہ نے متحدہ قومیت کے بہانے آہستہ آہستہ مسلمانوں کی سیاسی قیادت ختم کردی گئی، اور تقسیم وطن کے وقت بھارتی مسلمانوں پر ٹوٹنے والی قیامت صغری اور آئندہ ہونے والے فسادات کی وجہ سے ان کے اندر تحفظ اور سیکوریٹی کی نفسیات نے جنم لیا، سیکولر برہموادی گروہ نے اس نفسیات سے خوب فائدہ اٹھایا اور یوں آہستہ آہستہ مسلم قوم معاشی اور سماجی اعتبار سے دلتوں سے زیادہ بدحالی کا شکار ہوگئی، نہ تحفظات (ریزرویشن) ملے اور نہ کوئی حقوق، بس تحفظ کے لیے مسلمان ووٹ دیتے گئے، چوں کہ مسلم قوم اس برہموادی گروہ کا ووٹ بینک تھی اس لیے "بہ ظاہر" یہ سیکولر گروہ مسلمانوں کے تئیں نرم پہلو ہونے کا مظاہرہ کرتا رہا اور برہمواد کو اس طرح مستحکم کرتا رہا کہ دامن پہ کوئی چھینٹ نہ خنجر پہ کوئی داغ۔ برہموں کے دوسرے گروہ نے ہندوتو کی راہ کا انتخاب کیا، یہ راہ آسان نہیں تھی، کیوں کہ ذات پات کی دنیا میں ہر ذات کی اپنی دنیا ہوتی ہے، اس کی دنیا ذات سے شروع ہوکر ذات پر ختم ہوجاتی ہے، تمام ذاتوں کو متحد کرنا کوئی کھیل نہیں تھا، اور پھر متحد بھی اس طرح کرنا تھا کہ ان کے اندر ذات پات کی جو تقسیم ہے وہ باقی رہے، یعنی وہ سب متحد بھی رہیں اور آپس میں دست وگریباں بھی، چناں چہ اس کے لیے ہندوتو کی آئیڈیالوجی اپنائی گئی اور مسلمانوں کو دشمن بنا کر پیش کیا گیا، اس گروہ نے ایسا منظم اور مستحکم کام کیا کہ سیکولرزم اختیار کرنے والا برہموادی گروہ بھی آہستہ آہستہ نرم ہندوتو کی طرف بڑھنے لگا۔ تیسرے دور کی غلامی کی اصل حکمت عملی یہی ہے، اور اسی حکمت عملی کو بنیاد بنا کر ہندوراشٹر (برہمن راشٹر) قائم کرنے کی منصوبہ بندی ہے۔

یہاں اس بات کا ذکر مناسب معلوم ہوتا ہے کہ دوسرے دور غلامی اور موجودہ تیسرے دور غلامی میں کئی

خصوصیات مشترک ہیں، دوسرے دور غلامی میں باغی طبقہ کو سیاسی، سماجی، معاشی ہر اعتبار سے اچھوت بنایا گیا موجودہ دور غلامی میں بھی باغی طبقہ یعنی مسلمانوں کو ہر اعتبار سے اچھوت بنانے کی کوششیں کی جارہی ہیں، (واضح رہے کہ بھارتی مسلم قوم کے پوروجوں نے آمد اسلام کے وقت برہمنواد سے بغاوت کی تھی)، دوسرے دور غلامی میں گائے کے نام پر اچھوت بنایا گیا موجودہ دور غلامی میں بھی مسلمانوں کو گائے کے نام پر اچھوت بنایا جارہا ہے، دوسرے دور غلامی میں گائے کے نام پر اچھوتوں کا قافیہ حیات تنگ کرنے کے لیے شودر کو استعمال کیا گیا، موجودہ دور غلامی میں بھی گائے کے نام پر مسلمانوں کا قافیہ حیات تنگ کرنے کے لیے شودر یعنی او بی سی کا استعمال کیا جارہا ہے، دوسرے دور غلامی میں باغی طبقے پر حملہ کرنے کے لیے شودر کو استعمال کیا گیا موجودہ دور غلامی میں بھی او بی سی کو استعمال کیا جارہا ہے، دوسرے دور غلامی میں شودر کو گائے کے تقدس کا دیوانہ بنایا گیا موجودہ دور میں بھی او بی سی کو گائے کے تقدس کا دیوانہ بنایا گیا، دوسرے دور غلامی میں بدھ عبادت گاہوں کو مندروں میں تبدیل کردیا گیا موجودہ دور غلامی میں بھی مسجدوں کو مندروں میں تبدیل کیا جارہا ہے، دوسرے دور غلامی میں برہمنوں نے گوتم بدھ کی مورتیوں کے آگے سر جھکا کر بدھسٹوں کو بیوقوف بنانے کی کوشش کی موجودہ دور غلامی میں بھی یہ لوگ امبیڈکر کی مورتی کے آگے سر جھکا کر امبیڈکر وادیوں کو بیوقوف بنانے کی کوشش کر رہے ہیں، دوسرے دور غلامی میں شودر واتی شودر کو آپس میں لڑا کر برہمن راج کرتا رہا موجودہ دور غلامی میں بھی مسلمانوں اور بہوجنوں کو آپس میں لڑا کر برہمن راج کر رہا ہے، دوسرے دور غلامی میں برہمنوں نے بدھسٹ خانقاہوں، تعلیمی اداروں اور حکومتی محکموں میں گھس کر قیادت اپنے ہاتھ میں لی موجودہ دور حکومت میں بھی تمام جمہوری اداروں اور محکموں میں گھس کر قیادت اپنے ہاتھ میں لے رکھی ہے، دوسرے دور غلامی میں برہمنوں نے حکومتی اقتدار کی راہ ہموار ہونے تک ''سنگھ'' کے ذریعہ سماج کے اندر گھس کر کام کیا، موجودہ دور غلامی میں بھی ان لوگوں نے حکومتی اقتدار کی راہ ہموار ہونے تک ''سنگھ'' کے ذریعہ سماج کے اندر گھس کر کام کیا؛ البتہ دوسرے دور غلامی اور تیسرے دور غلامی میں ایک بڑا فرق ہے جو اوپر بھی ذکر ہوا ہے کہ دوسرے دور غلامی میں بدھ مت اس برہمنواد کا پلٹ وار نہ سہہ سکا اور اس کی انفرادی شناخت باقی نہ رہی؛ مگر اسلام اس ملک میں آج بھی اپنی غیر محرف شکل میں وحدت الٰہ اور وحدت انسانیت کا علم لیے سینہ تانے کھڑا ہے، برہمنواد اچھی طرح سمجھ چکا ہے کہ وہ اسلام کی شکل اور مسلمانوں کے تشخص کا کچھ بھی بگاڑ نہیں سکتا تو پھر تیسرے دور کی غلامی کا کام کیسے مکمل ہوگا؟ اس کا جواب یہ ہے کہ مسلمانوں کو اچھوت بنا کر برہمنواد اپنے مقصد کی تکمیل کرے گا، مسلمانوں کو اچھوت اسی وقت بنایا جا سکتا ہے جب ان کا رشتہ ایس سی، ایس ٹی، او بی سی سماج سے مکمل کاٹ دیا جائے، اور یہ اسی وقت ہوگا جب مسلمانوں کے خلاف ایس سی، ایس ٹی، او بی سی کو 'ہندو' کے نام پر بھڑکایا جاتا رہے اور مسلمانوں کے ردعمل کا فائدہ اٹھا کر انھیں لڑایا جاتا رہے۔

مذکورہ بالا تفصیل سے یہ بات واضح ہوگئی کہ جمہوری دور میں برہمنواد نے ماضی کی حکمت عملیوں کے مقابل ایک الگ حکمت عملی وضع کی۔ برہمنواد سے جس طبقہ کا مفاد وابستہ ہے وہ چوں کہ اس ملک میں اقلیت میں ہے اس

لیے اس نے جنگ میں اپنے کو اکثریت میں لانے کے لیے ہندوتو کا نقاب اوڑھ لیا، اس نقاب کی آرائش وزیبائش کچھ اس انداز سے کی کہ وہ قومیں جنھیں شودر رواتی شودر قرار دے کر برہمنواد نے زائد از تین ہزار سال سے اپنا غلام بنا رکھا ہے ان کی بڑی تعداد بھی دھوکہ کھا گئی اور ہندوتو کے جال میں گرفتار ہوگئی۔ برہمنواد نے ایک تو ان قوموں کو تعلیم سے دور رکھ کر تقریبا چار ہزار سال سے غلام بنائے رکھا، پھر تقریبا ڈیڑھ صدی سے ان کی ذات پات کی تقسیم کو باقی رکھنے کے ساتھ بڑی چالاکی سے انھیں مخصوص مقصد کے لیے ایک صف میں کھڑا کرنے کی مسلسل کوشش کی اور اب بھی کر رہا ہے، یہ صف بندی مسلم دشمنی کی بنیاد پر کی گئی، اس کا آغاز دیانند سرسوتی نے انیسویں صدی کے اواخر میں کر دیا تھا، پھر بیسویں صدی کی تیسری دہائی سے اس صف بندی کو مضبوط کرنے کی مسلسل و منظم کوشش جاری ہے، اس میں سیکولر برہمنوادیوں کا بھی حصہ ہے۔ یوں جمہوری دور میں برہمنواد نے بھارت کے پست و پسماندہ طبقات کے سماج کی حالت کچھ یوں کر دی کہ انھیں ذات پات کے نام پر تو بری طرح منقسم کر رکھا؛ مگر مسلم مخالفت کے نام پر انھیں ایک صف میں لا کھڑا کیا، عام حالات میں تو ہر ذات کا دائرہ اپنی ذات تک محدود ہے؛ مگر الیکشن اور فساد کے موقع سے ہر ذات کے لوگ "ہندو" بن جاتے ہیں یا بنا دیے جاتے ہیں، جب بات برہمنواد کے مفاد کی آتی ہے تو ان سب کو "ہندو" بنا دیا جاتا ہے اور جب بات ان کے حقوق اور مفادات کی آتی ہے تو پھر ذات پات کو ہوا دی جاتی ہے۔ برہمنواد کا مفاد جب انھیں ایک کرنے میں ہوتا ہے تو وہ مسلمانوں کے مسائل چھیڑ دیتا ہے، اور جب اس کا مفاد ان کو تقسیم کرنے میں ہوتا ہے تو ذات پات، چھوت چھات اور اونچ نیچ کے نام پر لڑا دیتا ہے۔

ڈاکٹر آصف لئیق ندوی، عربی لیکچرر مانو

ایک ایسی شان پیدا کر کہ باطل تھرتھرا اٹھے

کرناٹک میں حجاب نے ہندوتوا وادیوں کو بے حجاب کردیا: صوبہ کرناٹک میں حجاب پر پابندی کی ناپاک پلاننگ اوراس کے خلاف مسکان خان کی جراتمندی و بہادری جیسے اقدامات نے نہ صرف باحیا خواتین و مسلم طالبات میں ایک شان ومنزلت اور احساس برتری پیدا کردی ہے بلکہ ملک کے مظلوموں، بے سہاروں، بے زبانوں، اقلیتوں بالخصوص مسلمانوں میں امید وکرن کی ایک روح پھونک دی ہے! پورے ملک میں مسکان کی تکبیر کی گونج نے بجلی کی طرح کام کیا ہے، ویڈیو میں قید اس کی آواز اور حرکات وسکنات نے چشم زدن میں سب کو اپنا اسیر بنالیا ہے، دھیرے دھیرے پوری دنیا میں حق وباطل کے اس نظارے نے اپنا اثر دکھایا ہے، آج بھی یہ خبر سوشل میڈیا سمیت ہرجگہ گردش کررہی ہے، جس نے نہ صرف غیرتمندوں کے ضمیر کو جھنجھوڑ کر رکھ دیا ہے بلکہ انسانی برادری کے شعور و وجدان کو بیدار کردیا ہے، ہر شخص کی زبان پر حجاب ہی حجاب کا چرچا جاری ہے، خواہ وہ ہندو ہو یا مسلمان، سکھ ہو یا عیسائی سبھوں نے ارباب اقتدار، ہندوتوا نظریے کے حاملین اور شرپسند عناصر کے رویے کو کوسنا شروع کردیا اور حجاب کے بہانے مسلمانوں کو نشانے بنانے کا کھیل تصور کیا ہے اوراس بدبختانہ چال وسازش کے خلاف حق کی تلوار اور باتوں کی دھار سے سبھوں نے ظالموں کا سامنا کرنے کا تہیہ کرلیا ہے، شاید ہی کوئی بدبخت ہوگا! جس نے تکبیر کی غیبی طاقت کا اب تک اندازہ نہ کیا ہو! مذہبی آزادی کی اس جنگ میں قولاً فعلاً یا کم از کم دل میں بڑا سمجھ کر کسی طرح سے حصہ لینے سے پیچھے رہ گیا ہو! ہر کس وناکس نے اس ناانصافی کے خلاف اپنی آواز بلند کی ہے، کسی نے اپنی بہترین تحریر وتقریر سے اس کی بھرپور ترجمانی کی ہے، تو کسی نے سوشل میڈیا کے ذریعے اپنے مافی الضمیر کو ادا کرنے کی حتی الامکان کوشش کی ہے، کوئی اپنے عمدہ کمنٹ وتبصرے سے اس لامتناہی سلسلے کی کڑی میں جڑنے کی ہمت کی ہے غرض کہ سب کے سامنے ایک بڑا ہدف ہے کہ ہندوتوا نظریے سے اس ملک کو کیسے نجات دلایا جائے! اس کے حاملین کو کیسے اکھاڑ کر پھینکا جائے! اس نظریے نے ملک کا اب تک جو خستہ حال کردیا ہے وہ کسی کی نظروں سے پوشیدہ نہیں ہے کہ ملک کی معیشت ڈوب کر رہ گئی ہے! مہنگائی کا بے تحاشہ عروج ہوگیا ہے! بے روزگار نوجوانوں کو نوکری اور روزگار کی عدم فراہمی ہے اور دور دور تک اس کا کوئی گمان نظر نہیں آرہا ہے، اب دستور وآئین کی پامالی کا ڈرامہ کب تلک لوگ برداشت کریں! سبھوں نے ملک کی بقاوتحفظ کا اب عزم مصمم کرلیا ہے، مسکان خان کے اس پرعزم وپرہمت واقعے سے باطل کے دل پر تیر کی طرح چوٹ لگانے کا ہنر سیکھ لیا ہے، شمشیر کی طرح وار کرنے کا بڑا حوصلہ حاصل کرلیا ہے اور دستور کو زندہ رکھنے کا آپس میں عہد و پیمان کرلیا ہے، اسی معاہدے کے ساتھ ہم سب اپنی اپنی ذمہ داری کی ادائیگی میں جڑ گئے ہیں، حتی کہ راقم نے بھی اسی فیصلے

کے ساتھ آپ کے ساتھ ہے، شاید ہی کوئی ہندوستانی شہری ہوگا جو ٹال مٹول یا شش و پنج کے عالم میں اب تک مبتلا ہوگا اور ملک کے آئین کی پاسداری میں اپنا نام درج نہیں کروایا ہوگا، جبکہ پورا ملک میچ فکسنگ کے طرز پر دستور فکسنگ کے رویے سے نالاں و بیزار ہے۔ اور پانچوں صوبوں میں ہوتے ہوئے اسمبلی انتخابات میں کھلاڑیوں کو سبق سکھانے کے لئے پر عزم ہے، باطل کے ایوانوں میں عوام وخواص کے اس بیداری کو دیکھ کر کھلبلی مچی ہوئی ہے، سچ کہا ہے کسی کہنے والے نے کہ۔

عقابی روح جب بیدار ہوتی ہے جوانوں میں
نظر آتی ہے اسکو اپنی منزل آسمانی میں

الحمدللہ اس وقت ملک کے طول و عرض میں حجاب و نقاب کی حمایت اور خواتین اسلام کے دستوری حقوق کے تحفظ میں مسلسل مظاہرے منعقد ہو رہے ہیں، مردوں سے زیادہ خواتین وطالبات پر عزم نظر آرہی ہیں، غافل ومحروم القسمت افراد بھی اس معاملے میں اپنی موجودگی اور چابک دستی کا احساس دلا رہے ہیں، گویا کہ پورا ملک اسی فکر میں ڈوبا ہوا ہے، وہ تو اچھا ہوا کہ مسکان کے واقعے کے ویڈیو گرافر نے ملک کی لاج رکھ لی اور پوری قوم کی عزت بلند کرنے کے لئے وہ کلپ شیئر کردی، ہم مسکان کے ساتھ ساتھ اس ویڈیو گرافر کو بھی بڑے انعام واکرام کا مستحق سمجھتے ہیں، کیونکہ انہوں نے بروقت اس واقعے کو بعینہ قید کیا اور ملک کی عوام اور ان کی عدالت کے حوالہ کیا، ہم ایسے باغیرت افراد واشخاص سے بہترین توقعات رکھتے ہیں اور مزید امید قوی کرتے ہیں کہ وہ ملک کے چاروں طرف اقلیتوں بالخصوص مسلمانوں کے خلاف ہوتے ہوئے دردناک واقعات، افسوسناک فسادات، حق تلفی و ناانصافی کے المناک مناظر و شواہدات کو بعینہ قید کر کے سوشل میڈیا کے ذریعے عوام کی عدالت میں پیش کریں گے، اس وقت ملک کے گوشے گوشے میں احتجاجات و مظاہرے کا سلسلہ بہت تیزی کے ساتھ جاری ہے، ملک کے تعلیمی اداروں سے بھی اس کی بہترین نمائندگی ظاہر ہو رہی ہے، سب کو عوام کے درمیان لائیں گے، الحمدللہ اب تو بعض ایسے میڈیا اور ذرائع ابلاغ والے جن سے اس سلسلے میں قطعی کوئی اچھی امید نہیں تھی مگر وہ بھی کسی نہ کسی طرح سے انگلی کٹا کر شہیدوں کی فہرست میں اپنا نام درج کروا رہے ہیں، شاید کہ اب ان کو احساس ہوگیا ہے کہ ہمارے آقا بہت جلد ملک کی حکمرانی سے دستبردار ہونے والے ہیں، پھر کوئی انکا نام لیوا بھی باقی نہیں رہنے والا ہے۔

شاید ہی ملک کا کوئی اخبار یا آن لائن پورٹل ہوگا جو ملک میں اسلاموفوبیا کی اس خطرناک پالیسی پر اپنا احتجاج شائع نہیں کیا ہو، سبھوں نے حجاب کی حمایت میں ہر طرح کی خبریں شائع کیں، اپنی بہترین نمائندگی سے ملک کے دستور و آئین کا پاس ولحاظ کیا اور اسی بات کی سب سے امید بھی کی جاتی ہے، یہاں تو اب غیر بھی اپنے اپنے طرز روش سے بادل نخواستہ ہی سہی کچھ نا کچھ اپنی انسانیت اور ان کے ساتھ ہمدردی کا ثبوت فراہم کرتے نظر آرہے ہیں۔ ایسے لوگوں اور میڈیا والوں سے ہماری دیرینہ خواہش بھی ہے کہ وہ مسکان کی خبریں سنا سنا کر اور دکھا دکھا کر حق بات کی خوب ترجمانی کرتے رہیں اور اپنے آقا کے سامنے وہی تاثر پیش کریں جیسا کہ تن تنہا کرناٹک کی ایک لڑکی ذات نے سینکڑوں شر پسندوں اور گیدڑوں کے درمیان رہ کر شیرنی کا رول پیش کیا اور اپنی جان وعزت کی کوئی پرواہ کئے بغیر وہ تاریخی اور

مثالی نمونہ رقم کیا جو اچھے اچھے مرد بالخصوص گودی میڈیا کے افراد پیش کرنے سے قاصر ہیں! مسکان نے تکبیر مسلسل کی صدا کے ذریعے یہ ثابت کردیا کہ اللہ کی ذات ہی سب سے بالا وبرتر ہے، اسی کے حکم سے دنیا اور دنیا والوں کا نظام چل رہا ہے اور اسی کا لشکر ہر جگہ غالب ہو کر رہنے والا ہے، سورہ صافات میں اللہ تعالی کا کھلا فرمان ہے کہ ”ہماری قضا اور ہمارا فیصلہ اس امر پر ہو چکا ہے کہ ہمارے پیغمبر بے شک منصور وظفر مند ہیں اور بے شک ہماری فوج (لشکر حق) غالب وفاتح ہونے والا ہے۔“ مسکان کے واقعے نے ہمیں یہ بتا دیا ہے کہ اللہ کے علاوہ کسی سے خوف نہیں کھایا جاسکتا، تکبیر وتہلیل کی غیبی طاقت کے ساتھ اکیلا لڑتے ہوئے کامیاب ہو جانا ہی خدا کے یہاں ہمیشہ ہمیش کی زندگی کا خطاب پا جانا ہے، اور یہی اصل کامیابی بھی ہے، انہوں نے اکیلی ایک طرف اپنے مخالفین کو سبق سکھایا تو دوسری طرف اپنی قوم وملک کے نوجوانوں کو جرأت وہمت کا بیش بہا تحفہ اور اسلامی کردار کا بہترین نمونہ پیش کر کے باطل سے مقابلہ کا کھلا ثبوت فراہم کردیا، جس کی بلند شان و منزلت کی کوئی قیمت ادا نہیں کی جاسکتی۔ آج بھی ملک کے چپے چپے میں مسلم قوم بالخصوص شہر کرناٹک میں ایسے بے باک رہنما، سچے مجاہد اور انگریزوں کے پکے دشمن یعنی شیر میسور کی بہادر بیٹیاں اور شیرنیاں جب تک زندہ ہیں، اس وقت تک کوئی خدا اور اس کے بندے کا نام ونشان نہیں مٹا سکتے، قانون صرف اللہ کا چلنے والا ہے، جن بیٹیوں اور بیٹوں کے اوصاف پر ملک کو ناز ہے، امت کو فخر ہے، اسلام کو اس کی شدید ضرورت ہے، دستور وآئین کو اعزاز ہے، مسلمانوں کو اسی فکر ونظر کی تلاش ہے، جن سے بڑی توقع وامید بھی ہے۔۔۔ کاش کے پورے ملک کا کردار اس شان ومرتبے سے متصف ہو جاتا! برادران وطن کی نظر بھی حق کی تلوار بن جاتی! عورتوں کی یہ اعلی صفات برادران وطن بالخصوص مسلمانوں، مسلم طلبا وطالبات، ان کی نسلوں اور نوجوانوں میں مکمل سرایت کر جاتی۔ میری بھی قوم وملک سے یہی تمنا اور آرزو ہے کہ

ایک ایسی شان پیدا کر کہ باطل تھرتھرا اٹھے
نظر تلوار بن جائے نفس جھنکار ہو جائے

سوشل میڈیا پر ایک غیر مسلم نوجوان لڑکا اور لڑکی بھی ہندتوا کی اس ناپاک پالیسی سے ملک کو مامون ومحفوظ رکھنے کی باتیں کہتے ہوئے دکھائی دے رہے ہیں، ایک ہندو عورت بھی حجاب کے مسئلے کو لے کر حکومت کو لعن طعن اور مسلم خواتین کی حمایت کرتی ہوئی نظر آرہی ہے، بڑے بڑے سیاسی لیڈر بھی اس پر اپنی حیرت وتعجب کا برملا اظہار کر رہے ہیں، خود بی جے پی کے بعض قدآور لیڈر نے بھی عوام وخواص کا مزاج وامتزاج کا مطالعہ کر لیا ہے، مگر وہ اپنی رفتار وروش کو بدلنے کے بجائے قوم وملک کو اصل موضوع سے بھٹکانے کی کوشش کرتے ہوئے نظر آرہے ہیں، شاید کہ انہوں نے ایسا سوچا بھی نہیں تھا کہ یہ گیم الٹا پلٹ جائے گا، پانچ صوبوں میں سیاسی مفادات کے حصول کے لیے جو کھیل کھیلا گیا اب کھلاڑی نے بھی یہ بھانپ لیا ہے کہ ہمارا بستر سمٹنے والا ہے، ہر جگہ سے ہمارا صفایا ہونے جارہا ہے، چلو چلتے ہوئے اپنی نازیبا حرکتوں سے اپنی اصلیت کی ایک اور چھاپ چھوڑ جائیں؟! ہر جگہ سے فاشسٹوں کا صفایا تقریبا طے ہے، عوام نے ہر جگہ سے اپنا رجحان اور مزاج وامتزاج کا مظاہرہ کرنا شروع کر دیا ہے، اب وہ کسی طرح سے بھی ہندو مسلم کی باتوں میں آنے والے نہیں ہیں! ان کا صاف طور پر کہنا ہے کہ مسلم حکمرانوں کے طویل دور اقتدار میں جب ہندو

خطرے میں نہیں تھے تو آج بی جے پی کے دور اقتدار میں ہندو خطرے میں کیسے آگئے؟ یہ محض سیاسی چال ہے، جس کو اب برادران وطن اپنے ذہنوں سے خارج کرتے ہوئے یکجہتی ویگانگت سے رہنے کا فیصلہ اور عہد ومعاہدہ کرنے جارہے ہیں۔حجاب کے اس واقعے نے جہاں ایک طرف مسلم خواتین وطالبات کوملک کی شاہینوں کی طرح پرعزم کردیا ہے وہیں طاغوتی طاقتوں کوان کے ناپاک نظریات نے ملک کی عوام کے سامنے بالکل بے حجاب کردیا ہے اور ہندتواوادیوں کوخود ان کے رویے اور طرزعمل نے سرعام ذلیل ورسوا کردیا ہے، حجاب کے موجودہ مسئلے سے انکے ناپاک عزائم ومنصوبے کا جو خطرناک پہلوقوم وملک کی سامنے دودوچار کی طرح ظاہر ہوا ہے،ان کے سیاہ چہرے کاویساواضح تصوراس سے پہلے محسوس نہ کیا گیا کہ جس عمل سے برادران وطن بھی ناراض وخفا ہوتے نظرآرہے ہیں اور ہرسطح سے اس گھناؤنی حرکت ورویے پر اپنے افسوس ودکھ کا اظہار کررہے ہیں اور حجاب کے مسئلے کو اسلامی تعلیمات کا حصہ سمجھتے ہوئے دستور وآئین کے خلاف کارروائی اور ہندتوا پالیسی کا غلط اقدام تصور کررہے ہیں، جو عمل قرآن وسنت اور مذہبی آزادی کے خلاف بھی ہے، پورے ملک ہی نہیں بلکہ پوری دنیا میں اس مسئلے نے ہندوستان کی شبیہ خراب کردی ہے۔امریکہ کا تازہ تبصرہ بھی حجاب اور مذہبی آزادی کے حق میں ہے، مگر دنیا کے معروف مفکر نوم چومسکی نے کشمیر میں مظالم کی تاریخ اور ہندوستان میں نفرت انگیز تقاریر اور تشدد کے حوالے سے بگڑتے ہوئے صورتحال پر خصوصی گفتگو کے دوران کہا کہ مودی حکومت منظم طریقے سے جمہوریت کو تباہ کررہی ہے اور ملک کو ہندوراشٹریہ بنارہی ہے۔جس پر ہندوستان کا ردعمل بھی آج کے اخبارات میں آپ کے سامنے ہے اور حجاب کے مسئلے پر وزیراعظم نے بھی اپنی طویل خاموشی توڑتے ہوئے کہا ہے کہ ہماری حکومت مسلم بہن بیٹیوں کے ساتھ ہے، مگر یہ صرف لفاظی ہے، جس پر عمل ندارد ہے، قول وعمل میں بالکل تضاد ہے، اگر حقیقت سے اس کا جوڑ ہوتا تو ہری دوار میں جس شرانگیزی کا مظاہرہ ہندو مذہبی سنسدوں نے کیا، اس کے پیش نظران کا کچھ مذمتی بیان کیوں نہیں سنا گیا اسی لئے نوم چومسکی کا خدشہ بالکل واضح نظر آرہا ہے؟ امید تھی کہ ملک کے وزیراعظم اور بڑے ذمہ دار اور دستور وآئین کے محافظ پوری مضبوطی کے ساتھ اور واضح الفاظ میں اس قسم کے انسانیت سوز بیانات اور ملک کی سالمیت کو ملیامیٹ کردینے والے افکار ونظریات کے خلاف نہ صرف یہ کہ اپنا شدید مذمتی بیان جاری کرتے بلکہ خود شرپسند عناصر اور تنظیموں کے لئے ایسا ڈھانچہ اور خاکہ باشندگان ملک کے سامنے پیش کرتے جس سے ہندومسلم نفرت وعداوت کے جذبات واحساسات کو پروان چڑھانے والی حرکتوں پر مکمل روک تھام لگتی اور قوم وملک میں خیرسگالی کی امید وکرن پیدا ہوتی اور برادران وطن میں ان کا اعتماد و بھروسہ بحال ہوتا۔ مگر ایسا اب تک نہیں ہوسکا۔جوارباب اقتدار کی بڑی بدنصیبی اور محرومی کی بات ہے۔اس لیے عاجز آکر مردوں کے مقابلے میں عورت ذات نے اپنے کردار و عمل سے جو پیغام عمل دیا ہے، وہ مرد حضرات کے لئے بھی لمحہ فکریہ ہے، اور تمام وزراء وارباب حل وعقد کیلئے نمونہ بھی! یقیناً ملک کی شاہینوں کی کوشش بہت قابل تعریف اور لائق ستائش ہے، جس نے پورے ملک کی خواتین بالخصوص مسلم طالبات کو حجاب کے لیے پرجوش اور پراعتماد بنادیا ہے بلکہ ہندو پالیسیوں کے خلاف ہرجگہ اس جیسے اقدامات کی ضرورت کا

احساس دلادیا ہے، اور تمام ہندوستانیوں کو اسی عزم و حوصلے کیساتھ تیار ہونے اور میدان میں ڈٹے رہنے کی رہنمائی کردی ہے، جمہوریت، عدل و انصاف، مذہبی آزادی، مساوات و برابری اور اخوت ومودت کی فضا ہندوستانی آئین کی وہ بنیاد ہیں، جو صدیوں سے ہمارے ملک کی شناخت اور پہچان رہی ہیں، ہندو مسلم اتحاد و سمان کی اعلی مثال رہی ہیں، ساڑھے آٹھ سو سالہ مسلم حکمرانوں نے اپنے دور اقتدار میں اس اتحاد کا بھرپور خیال کیا تھا اور بعد کے امراء کو اسکی بڑی تلقین کی تھی، مگر انگریزوں نے اس کو نظر بد لگادی، اور اپنے نفاق و چالبازی سے اس اتحاد و اتفاق کو پارہ پارہ کر کے رکھ دینے کی ہر ممکن کوشش کی، اسی وجہ سے کچھ عرصوں کے لیے ملک انگریزوں کے ہاتھ لگ گیا، جنہوں نے قومی جمہوری اقتدار کی دھجیاں اڑا کر رکھ دینے کی جرأت کرنی چاہی تو سب سے پہلے جس بلند ہمت سلطان، باغیرت محبّ وطن اور عظیم مرد مجاہد شیر میسور نے انگریزوں کی ہوا اکھاڑ کر رکھ دینے کی قسم کھائی، جو اسی ریاست کرناٹک سے تھے، کئی جنگوں میں انگریزوں کو شکست فاش دی اور اپنے عزم و حوصلے کی جو مثال تن تنہا انہوں نے پیش کی، تاریخ آزادی میں ویسا مرد مجاہد نے نہیں دیکھا گیا، باطل کے خلاف انکا اقدام تاریخی تھا جس کا شیر میسور نے آغاز کیا، اور وہی جنگ آزادی کے بانی بھی کہلائے، وہ بڑے پرجوش و پرحمیت اور دوراندیش مجاہد تھے جنہوں نے انگریزوں کی بزدلانہ حرکتوں کا جب تک وہ زندہ رہے، منہ توڑ جواب دیتے رہے اور ہر جنگ میں دشمنوں کا چھکا چھڑا کر رکھ دیا۔ آج اسی فکر کی ترجمانی مسکان خان کی ذات و شخصیت سے ملک کو دیکھنے کو مل رہا ہے۔افسوس کے غداروں نے ٹیپو سلطان کے ساتھ دغا کیا جیسا کہ آج مسلم قوم میں بھی ایسے کردار کے افراد بھی پرورش پارہے ہیں جو نام کے مسلمان تو ہیں مگر عمل اور کردار سے اسلام اور مسلمانوں کیلئے عار ہیں، وہ بھی اپنے ہی ارباب اقتدار کے دھوکے بازوں کی وجہ سے انگریزوں کے ظلم کا شکار ہوگئے اور پورے ملک سے انکا صفایا کرنے سے رہ گئے، بالآخر دھوکے کے نتیجے میں انہوں نے شہید ہوجانا گوارا تو کیا مگر پیٹ دکھانا منظور نہیں کیا، ٹیپو سلطان کا وہ تاریخی جملہ کہ شیر کی ایک دن کی زندگی گیدڑ کے ہزاروں کی زندگی سے بہتر ہے، آپکو بھی یاد ہوگا، اسی لئے تو انگریزوں نے ان کی شہادت کے بعد انکے سینے پر چڑھ کر یہ کہا تھا کہ آج سے ہندوستان ہمارا ہے۔

اللہ کا شکر ہے کہ آج اسی زرخیز سرزمین پر اسی فکر کی حامل لڑکیاں پرورش پارہی ہیں، جس کا ظہور ایک نقاب پوش مسلم طالبہ کے ذریعے ہوا، جن کی زبان سے تکبیر مسلسل کے بلند و بالا کلمات مصیبت کی گھڑی میں ان کے منہ سے نکلے جس جرأت و ہمت کا مظاہرہ ٹیپو سلطان نے اپنی زندگی اور شہادت کے وقت کیا، ٹیپو سلطان کے تاریخی جملے کی طرح اللہ اکبر کا نعرہ بھی ہندتووادیوں کے ناپاک عزائم و منصوبے پر بجلی بن گرا جو ان کے آشیانوں کو تار تار کردینے کا ضامن ثابت ہوا، اسی بہادری کا چرچا پورے ملک میں اتنی تیزی سے پھیلا کہ ہر فرد و بشر اور مرد و زن متحمس ہوگیا، مولانا محمود مدنی نے ان کے لیے انعام کا بھی اعلان کیا، یقیناً وہ بڑے انعام اور حوصلہ افزائی کی مستحق ہے، جو خدا ہی اسے عطا کرے گا۔ ہم بھی اس مثالی طالبہ کی پابند نقاب، محافظ آزادی، طلبگار آئین، پاسدار دستور کے اوصاف کے بڑے مداح و معترف ہیں اور سلطان ٹیپو جیسے رہنما کی بیٹیوں کو ہزاروں سلام پیش کرتے ہیں اللہ ان کی غیرت و حمیت کو تمام مسلمان مرد و عورت کے لئے نمونہ بنائے۔اشتیاق حیدر کی زبانی۔تو نے ڈٹ کر کفر و باطل کا کیا جو سامنا۔۔۔لاج رکھ لی تو نے پوری قوم کی توقیر کی۔

ڈاکٹر محمد نعیم صدیقی امروہوی

گم نام مجاہد آزادی: شیر علی خاں آفریدی

زلزلے جن سے شہنشاہوں کے درباروں میں تھے
بجلیوں کے آشیانے جن کی تلواروں میں تھے

عصر حاضر جدید سائنس او رٹکنالوجی کا دور ہے۔ ہر انسان اپنی ذاتی مصروفیات میں برق رفتار مشینوں کی طرح کام کرتا نظر آتا ہے روز بروز نئی نئی ایجادات نے دنیا کو ایسی ایسی مصنوعات سے روشناس کرا یا ہے کہ دنیا کا کوئی ایسا خطہ نہیں بچا ہے جو انسان کی پکڑ میں نہ ہو یعنی انٹرنیٹ، کیمکلس، مہلک ہتھیار اور سمندری جنگ کے آلات نے پوری دنیا میں اتھا پتھل مچا دی ہے، دنیا کی اکثر و بیشتر عوام چل تو رہی ہے زمین پر لیکن نظر رکھتی ہے آسمانوں پر، اس بھاگ دوڑ بھری زندگی کے درمیان ماضی کے دریچوں میں جھانکنے کا متلاشی اور اس ضیا کی کرنوں سے مزید نور بھرنے والا ،جس نے اپنی زندگی کو گم نام شہیدان وطن کی تاریخ رقم کرنے کے لیے وقف کر دیا، اس قلم کار کو ڈاکٹر محمد شاہد حسنین صدیقی علیگ کے نام سے جانا جاتا ہے۔

موصوف تاریخ نگاری میں ملکہ رکھتے ہیں ۔سنہ 2020ء میں طبع ہونے والی ان کی معرکۃ الآرا کتاب ''غداروں کی کارستانیاں'' کو یوپی اردو اکادمی لکھنؤ نے 25000 ر ہزار کے انعام سے سرفراز کیا، اس سے قبل ان کی 2013ء میں 'جنگ آزادی کے سرخیل' اور 2016ء میں 'جدید شاعری کی مستحکم آواز شہریار' کتابیں شائع ہوئیں اور ان کو عوام و خواص میں قبولیت ملی۔

ڈاکٹر شاہد صدیقی کے مضامین اکثر و بیشتر ملک و بیرون ملک کے اخبارات رسائل و جرائد میں طبع ہوتے رہتے ہیں، آن لائن نیوز پورٹل 'دی وائر اور قومی آواز' پر بھی آپ کے مضامین شائع ہوتے رہتے ہیں۔ تاریخ نگاری میں لکھنے والوں کی قلت ہے اور جو ہیں وہ حقیقت بیانی پر دبیز پردے ڈال کر واقعات و حالات کو توڑ مروڑ کر پیش کرتے ہیں ،جس سے اصل واقعات و حالات کی شکل مسخ ہو جاتی ہے۔ شاید ایسے لوگ یا تو عصبیت کے شکار ہوتے ہیں یا پھر سیاسی دباؤ کے زیر اثر رہتے ہیں۔ البتہ آج کل کے بعض تاریخ داں حقیقت سے پردہ پوشی کر کے بھول بھلیوں کی سیر کراتے ہیں۔

بقول شاعر:

تیرا کرم ہے ہم پہ گناہوں کے بعد بھی ہم جی
رہے ہیں کتنی خطاؤں کے بعد بھی
ہم جیسا بدنصیب وطن میں کوئی نہیں مجرم بنے
ہوئے ہیں وفاؤں کے بعد بھی (ن۔م)

تاریخ ہند کا مطالعہ و مشاہدہ کرنے سے یہ حقیقت واضح ہوتی ہے کہ مسلمانوں نے غلامی کے طوق وسلاسل کو اتار پھینکنے کے لیے بے شمار اور لازوال قربانیاں پیش کیں، حتیٰ کہ مادر ہند کا کوئی ایسا گوشہ نہیں جو مدارس کے بوریا نشینوں سے لے کر خاص و عام تک کے

خون سے لالہ زار نہ ہوا ہو۔غرض کہ کالا پانی کی سزا پانے والوں میں بھی مسلمان دوسرے ابنائے وطن سے اکثریت میں تھے،مگر وطن عزیز میں پہلے سے ہی ایک ایسے طبقے کا بول بالا قائم رہا ہے، جو مسلمانوں کی قربانیوں کو تاریخ ہند کے صفحات سے مٹانے یا ان پر پردہ ڈالنے کے لیے کوشاں رہتا ہے۔

بقول تاریخ داں پروفیسر عرفان حبیب:

"ہر گزرتے دن کے ساتھ کاغذ، دھاتو، اینٹ اور پتھر پر درج تاریخی نقوش کو مٹایا جا رہا ہے،اگر مٹانے والے ہاتھوں کو روکنا ہے تو ملک کے ماضی میں عوام کی دلچسپی کو بیدار کرنا ہوگا،اس کاوش میں وہ لوگ بہت اہم کردار ادا کرسکتے ہیں جو کہ ہماری مشترکہ میراث کے قدردان ہیں۔"

بہرکیف انڈمان ونکوبار میں بھی مولانا فضل حق خیرآبادی، مولوی عبدالکریم، مولوی علاؤالدین، مولانا احمد اللہ صادق پوری، مولوی امیر الدین، مولوی لیاقت علی اور مفتی عنایت احمد کاکوروی وغیرہ جیسے مجاہدین نے اپنی مہم جاری وساری رکھی اور وہ ملک کی سلیت اور حرمت وآبرو کو قائم ودوائم کی ہر ممکن منصوبہ بندی کرتے رہے، ان دلیر غازیوں کی صحبتوں سے ہی شیر علی خاں آفریدی کا ایسا نظریہ تبدیل ہوا کہ وہ سب کچھ پیچھے چھوڑ کر اپنی خفیہ حکمت عملی کو کامیاب بنانے کی تگ ودو میں لگ گیا، اس نے قبول کیا تھا کہ وہ انگریزوں کو اپنا سب سے بڑا حریف مانتا ہے اور اس نے نوآبادیاتی نظام کے کسی اعلیٰ افسر کو اپنا شکار بنانے کا مصمم عزم کیا تھا۔جس کو پایہ تکمیل تک پہنچانے کے لیے شیر علی خاں نے اپنے چاقو کی دھار تیز کی اور 8 رفروری 1872ء کو لارڈ میؤ پر وار کر کے قتل کر دیا۔جس کی پاداش میں انگریز حکومت نے 22 رفروری 1872ء کو ان کو سزائے موت کی سزا سنائی ۔ اس جیالے نوجوان نے 11 رمارچ 1872ء کو ہنستے ہنستے اپنی جان قربان کر دی لیکن انگریز مؤرخین نے اس واردات کو تاریخ ہند کے صفحات پر درج نہ ہونے دینے کی قسم کھائی تھی لیکن افسوس کا مقام ہے کہ مابعد آزادی بعض کوتاہ نظر ہندوستانی تاریخ نگاروں نے بھی انگریزوں کی تقلید کی ،جس کی جتنی مذمت کی جائے کم ہے ۔شیر علی خاں کی آرزو تھی کہ جب ہندوستان کا تاریخ نویس ملک کی آزادی کے واقعات و حادثات لکھے تو اس میں میرا نام بھی سرفہرست شہیدان وطن میں لکھا جائے۔لیکن وہ تاریخ نگاروں کی تنگ نظری کی نذر ہوگئے۔

آج جب شیر علی خاں کی قربانی کو 150 رسال ہونے جارہے ہیں اس موقع پر شاہد صدیقی کی نئی کتاب گم نام مجاہد آزادی شیر علی خاں آفریدی منظر عام پر آئی ہے جس میں شیر علی خاں آفریدی کے حالات وواقعات کو پیش کیا ہے ۔موصوف نے شیر علی خاں آفریدی کے معاصرین مجاہدین آزادی اور تاریخ وجغرافیہ جزائر انڈمان ونکوبار کو بڑی عرق ریزی اور ایماندارنہ طور پر پیش کرنے کی کوشش کی ہے ۔ امید ہے کہ یہ کتاب تشنگان علم کی خواہشات پر کھری اترے گی اور عوام وخواص میں بہ شرف قبولیت ہوگی۔

فردوس احمد نجار، نیٹ۔سیٹ اُردو، مولانا آزاد نیشنل اردو یونیورسٹی

اُردو افسانوں اور ناولوں میں کشمیری مسائل کی عکاسی

زمانے قدیم میں ادب کو خالص وقت گزاری کی چیز سمجھا جاتا تھا لیکن ٹیکنالوجی کے اس زمانے میں ادب زندگی کا آئینہ ہے یعنی انسانی زندگی کے مسائل اس کا جز لازم بن چکے ہیں۔ یعنی ادب برائے ادب کے زمرے سے باہر آ کر ادب برائے زندگی کے مرحلے سے جوڑ گیا ہے۔ اس کے پس منظر میں مختلف قسم کے وجوہات کار فرما رہا چکے ہیں۔ سائنس اور ٹیکنالوجی سے نئے مسائل پیدا ہوے، زندگی کے مختلف شعبہ جات میں نئی نئی تبدیلیاں رونما ہونے لگیں اور انسان بیشتر وقت روزمرہ کے کاموں میں ہی مصروف رہنے لگا تو طویل داستانیں سننے اور سنانے کا وقت بھی اس کے پاس نہیں رہا۔ پھر داستان کی جگہ ناول اور ناول کی جگہ افسانے نے لئے لئے اور ادیبوں نے اپنے گرد و پیش کے سماج سے موضوعات چوں کر ناول اور افسانے کو حیات سے قریب تر کرنے کی کوشش کی۔ افسانے اور ناولوں میں عام زندگی کے مسائل کی ترجمانی ہونے لگی اور اخلاقی، اصلاحی مقاصد کی غرض سے معاشرے میں پھیلیے برے رسومات، کوتاہیوں، حامیوں، الجھنوں، درد و کرب کے اوپر ہزاروں کی تعداد میں افسانے اور ناول وجود میں آ گئے۔ مثال کے طور پر مولوی نذیر احمد نے اولاد کی اصلاح کے لئے، پریم چند نے پچھڑے ہوے لوگوں اور جگر درانہ نظام، عصمت نے عورت کے مسائل، منٹو نے جنسی مسائل وغیرہ کو اپنا موضوع بنایا۔ پھر وقت نے کروٹ بدلی اور ٹیکنالوجی نے جہاں لوگوں کیلئے ترقی کے مواقع فراہم کیے۔ وہیں اس سے سماجی، سیاسی، معاشرتی اور اخلاقی مسائل بھی پیدا کیے۔ ایسے حالات کا اثر اُردو ادب پر بھی دیکھنے کو ملتا ہے چونکہ ادیب سماج کا ایک ایسا فرد ہوتا ہے جو انسانوں کے دل کا مالک ہوتا ہے وہ ان مسائل کو تحریر میں لاتا ہے۔ افسانے نے انسانوں کے دُکھ درد، رنج و غم، درد و کرب، زندگی کے زیر و بم سبھی کچھ اپنے اندر سمیٹ لیا ہے۔

پریم ناتھ پردیسی، پریم ناتھ در اور تیز بہادر بھان ایسے افسانہ نگار تھے جنہوں نے کشمیر کے درد و کرب، ظلم و ستم، عصمت دری اور یہاں کے اندرونی حالات کے اوپر قلم اٹھایا۔ انہوں نے کشمیر کی افلاس، محرومی مایوسی، یاس، استحال، ظلم و زیادتی، عدم تحفظ، جاگیردارانہ نظام اور شخصی راج کے خلاف لکھنا شروع کیا۔ جب ہم کشمیر کے حوالے سے اُردو فکشن کا مطالعہ کرتے ہیں تو ہمیں اس بات کا اندازہ ہوتا ہے کہ کشمیر میں عورت کو ہر عہد میں مصائب اور تکالیف کا سامنا کرنا پڑا ہے۔ کبھی عورت کو تحریک حریت میں بھارتی فوج اور عسکریت پسندوں کی وجہ تکلیفیں جھیلنا پڑیں ہیں۔ کبھی اس کو تنگ نظریے کی وجہ سے گھر سے باہر جانے سے، اعلی تعلیم اور ملازمت سے روکا گیا۔ جس کی وجہ سے یہ عورت اپنے آپ کو دوسروں پر بوجھ سمجھتی تھی۔ اور اپنے آپ کو بے بس ولاچار اور کمزور سمجھتی تھی اور غلاموں جیسی زندگی بسر کرتی تھی۔ پھر تحریک حریت کے دوران بھارتی فوج اور عسکریت

پسندوں نے ماں سے بیٹا، بہن سے بھائی، بیوی سے شوہر چھین لیا۔ کسی کی لاش ملی، کسی کی لاش کو غائب کیا گیا۔ کسی کی لاش آدھی ملی، کوئی جیل میں سڑتا رہا تو کوئی سرے سے ہی لاپتہ ہوگیا۔ جس کی وجہ سے عورت نفسیاتی مریض بن گئی۔ اس سلسلے میں یہاں کہی افسانے اور ناول وجود میں آئے جن میں عورتوں کے مسائل کی عکاسی بھی کے گئی ہے۔ مثال کے طور پر نعیمہ مہجور نے اپنے ناول "دہشت زادی" میں مردوں کی بالادستی، بھارتی فوج اور عسکریت پسندوں کو نشانہ بناتے ہو؟ عورت کی حالاتِ زار کا نقشہ کچھ اس طرح کھینچا ہے۔ ظلم و تشدد، درد و کرب کے اس دور میں ہم نے عورت کے شکست خوردہ مقام سے واقف کرایا ہے۔ اس سلسلے میں ناول کے حرفِ اول میں مشہور و معروف نقاد گوپی چند نارنگ یوں رقطراز ہیں۔

......اس میں رسم و رواج میں جکڑی پابہ زنجیر عورت کا درد بھائی ہے اور وادی میں موجودہ سیاسی کشمکش و قومی تاریخ کے قدموں کے چاپ بھی........ مجھے یقین ہے کہ اس کتاب کوئی فقط ایک نیم سوانحی ناول کے طور پر ہی نہیں بلکہ عورت کی پسماندگی کے خلاف ایک پرسوز احتجاجی دستاویز اور وادی کی انسانیت پسند روحانی میراث "ریشیت" کی درد میں ڈوبی ہوئی فریاد کے طور پر بھی پڑھا جائے گا۔

ترنم ریاض تانیثی ادب کی ایک معتبر آواز ہیں۔ ان کے تقریباً تمام ناولوں اور افسانوں میں عورت کے جذبات و احساسات، اس کی محرومیاں، آہیں، سسکیاں، آنسو، درد و کرب اور گھٹن کے ساتھ ساتھ مردانہ بالادستی کے خلاف بغاوت اور احتجاجی رویہ بھی موجود ہے۔ جس کی روشن مثالیں ہمیں ان کے ناولوں اور افسانوں میں بڑی بے باکی سے ملتی ہیں۔ اس سلسلے میں صغیر افراہیم یوں رقطراز ہیں۔

انہوں نے پدری سماج میں مردوں کو ہدف ملامت بنائے بغیر براۓ راست اُن سماجی قدروں کو تختہ مشق بنایا ہے۔ جو خواتین کو جلد بندیوں میں رہنے پر مجبور کرتی ہیں۔

اسی طرح جن محمد آزاد نے بھی اپنے ناول " کشمیر جاگ اٹھا" میں مرکزی کردار 'مہتاب' (نسوانی) کے ذریعے عورتوں کی مظلومیت اور محرومیت کی ترجمانی کی ہے۔ یہ ناول ڈوگرہ شاہی راج میں عورتوں پر روا رکھے جانے والے مظالم اور جنسی تشدد کی بھی روئیداد ہے۔

آج اور اہم مسئلہ جو اس وقت پوری دنیا کے ساتھ ساتھ ہندوستان میں بھی وباء کی طرح پھیل رہا ہے اور اس میں روز آنہ اضافہ ہوتا جا رہا ہے وہ ہے عصمت دری اور جنسی استحال۔ خالہ حسین نے اپنے افسانے" کنوار گندل" میں بڑی فنکاری سے اس کی عکاسی کی ہے۔ افسانے کا ایک کردار حاجی نفس کی آگ میں اندھا ہو کر اپنے چھوٹے بھائی کی بیوہ عورت کو اپنے ہی گھر میں دبوچ لیتا ہے۔ جس کا نام گلاں ہوتا ہے۔ وہ بے حرمتی کی آگ میں جلتے رہتی ہے۔ اس کا جسم حاجی کی روز کی خوراک بن جاتا ہی اور گلاں بے بس و لاچار ہو کے رہ جاتی ہے۔ اس افسانے کا ایک اقتباس ملاحظ ہو۔

کل سیاہ کالی رات تیز آندھی میں جو بجلی گری، وہ انسانی بجلی........ حاجی کے روپ میں سیدھی گلاں پر ہی گری تھی جس سے گلاں کا سارا جسم جھلس گیا........ گلاں جو میں مٹھو کی طرح اپنے آپ کو اس گھر کے پنجرے میں محفوظ سمجھتی تھی، اسے پنجرے میں ہی بلی نے دبوچ لیا۔

اسی طرح عصر حاضر میں عورتوں اور نوجوان

لڑکیوں کی خودکشی میں غیر معمولی اضافہ ہو رہا ہے۔ جس کی وجہ سماج میں مردوں کی بالادستی، عورتوں پر زیادتی، ظلم و استحصال، جنسی بے راہ روی، پیار و محبت کے نام پر دھوکہ، فریب کاری وغیرہ۔ اس جانب شیخ بشیر احمد نے اپنی کہانی "صدمہ" میں واضح اشارے کیے ہیں کہ ایک مرد اپنی جنسی ہوس پوری کرنے کے بعد کنارا کش ہو جاتا ہے لیکن حاملہ دوشیزہ خودکشی کر کے موت کو اپنے گلے لگالیتی ہے۔ اسی طرح کرن کشمیری نے اپنے ناول "رات اور زلف" میں منوراما کے نسوانی کردار کے ذریعے محبت کے دلدل میں پھنسی ایک عورت کی بپتا پیش کی ہے۔ وہ محبت کے لیے اپنا سب کچھ چھوڑ کر اپنے عاشق کے ساتھ بھاگ جاتی ہے۔ لیکن اس کا عاشق اسے دھوکہ دیتا ہے، جس کی وجہ سے اس کی زندگی اجیرن بن جاتی ہے کیونکہ وہ سماج میں اپنا مقام، عزت آبرو سب کچھ کھو دیتی ہے۔ اسے حقارت بھری نگاہوں سے دیکھا جاتا ہے جس کی وجہ سے وہ خودکشی کرنے پر مجبور ہو جاتی ہے۔ یہاں کے اُردو فکشن میں ایسی اور بھی بہت ساری مثالیں دیکھنے کو ملتی ہیں جیسے پشکر ناتھ، نور شاہ، وغیرہ نے اپنے اپنے ناولوں اور افسانوں میں پیش کیا ہیں۔

دہشت گرد ایک سنگین مسئلہ ہے جو کہ عالمی مسئلہ کی صورت اختیار کر چکا ہے۔ خصوصاً کشمیری عوام کو جس پر آشوب دور کا سامنا کرنا پیدا ہے۔ اور اس سے پنپنے والے مسائل اور بحران کو یہاں کے کئی افسانہ نگاری اور ناول نگاروں نے اپنے ناولوں اور افسانوں کا موضوع بنا کر پیش کیا گیا ہے۔

اس سلسلے میں نعیمہ مہجور کا ناول "دہشت زادی" بڑی اہمیت کا حامل ہے۔ انہوں نے اس نوبیل میں تحریک آزادی اور اس سے پیدا ہونے والے بہت سے تاریک گوشوں پر روشنی ڈالی ہے۔ جیسے کہ عسکریت پسند لوگوں کے گھروں میں پناہ لینے کے لئے جاتے ہیں اور اگر لوگ اُنہیں پناہ دینے سے انکار کرتے ہیں تو وہ اُن کے عتاب کا شکار ہو جاتے ہیں اور اگر پناہ دیتے بھی ہیں تو پھر ان کو بھارتی فوج کا ظلم و ستم اور بربریت کا سامنا کرنا پڑتا ہے۔ اسی طرح عسکریت پسندوں اور بھارتی فوج کے مابین جب تصادم آرائی ہوتی ہے تو مظلوم کشمیری عوام اور معصوموں کا بھی قتل ناحق ہوتا ہے اور کشمیریوں کو طرح طرح کی مصیبتوں کا سامنا کرنا پڑتا ہے۔ جیسے کریک ڈاؤن اور تلاشی کاروائیاں ہوتی ہیں جس کی وجہ سے لوگوں میں خوف و ہراس پھیل جاتا ہے۔ نعیمہ مہجور نے اس ناول میں تصادم آرائی کے خونین مناظر کی بھی منظر کشی کی ہے۔ جیسے ایک بار عسکریت پسندوں نے اسپتال میں پناہ لی اور باہر بھارتی فوج اُن کو تلاش کر رہی تی اس اثناء میں گولیوں کی چلنے کی آواز آئی اور اسپتال میں ہی کراس فائرنگ شروع ہوئی۔ اس دوران لیبر روم میں ایک بچے نے جنم لیا جس کا نام طنزیہ کراس فائرنگ بے بی رکھا جاتا ہے۔ پیش ہے اس ناول کا یہ اقتباس:

۔۔۔۔۔۔۔ گیٹ کے سنتے والے بنکر سے فوجیوں نے مشین گن سے اندھا دھند فائرنگ کر دی جو او۔ پی۔ ڈی کے سامنے مریضوں اور تیمارداروں کو کہ رہی ہیں اور وہ ایک ایک کر کے گرتے جا رہے ہیں۔۔۔۔ کراس فائرنگ کی زد میں مریض ہیں یہ اُن کے تیماردار کو گر کر تڑپ رہے ہیں۔۔۔۔۔ درجنوں کھوں میں لت پت ہیں۔۔۔۔۔ فوجی بے قابو ہو کر رجسٹرار کے دفتر کو تہس نہس کرنے لگے اور اب اسے بارود سے اُڑھانے کی تیاری میں ہے کہ ہسپتال کا عملہ ان کو روکنے

کے جشن کررہا ہے۔۔۔۔۔۔دفتر خالی ہے اور عسکریت پسند کب کے یہاں سے جاچکے ہیں۔ قتل و غارت گری کے بازار کا ایک اور صفحہ رقم ہوگیا ہے۔ کشمیر میں اب ہر واقعے کے بعد محسوس ہوتا ہے کہ یہ پہلے سے بھی بدتر تھا۔

اسی طرح نور شاہ نے بھی اپنے کئی افسانوں میں دہشت گردی اور اس سے متعلقات کو موضوع بنا کر اس سے جنم لینے والے مسائل کو ابھارنے میں کوئی کسر باقی نہیں چھوڑی ہے۔ ملی ٹینسی کے دور میں کشمیر اور کشمیریوں کے لیے بہت سے مسائل پیدا ہوگئے اور یہاں کے عوام کی معاشی، معاشرتی، سیاسی اور سماجی سطح پر پسماندگی کا شکار ہوگئے۔ احتجاجی ریلیاں نکالی جاتی ہیں تعلیمی نظام درہم برہم ہوگیا، نوجوان جن میں بعض اعلی تعلیم یافتہ بھی شامل ہیں۔، بے راہ روی کا شکار ہوکر غلط راستہ اختیار کرتے ہیں۔ دہشت گردانہ ماحول کی نظر نہ جانے کتنے معصوم لوگ ہوچکے ہیں۔ اُن کے عزیز و اقارب، دوست واحباب اُن کے غم میں تڑپتے ہیں۔ نور شاہ اس سلسلے میں تحریر کرتے ہیں۔

۔۔۔۔۔۔اس دوران یہ جنت دھیرے دھیرے آہستہ آہستہ رک رک کر ایک نیا روپ اختیار کر گئی۔۔۔۔۔جہنم کا روپ۔۔۔۔۔۔۔آگ کے شعلے، قتل و غارت، آبرو ریزی، ناانصافی۔۔۔۔۔۔ اور پھر آج عجیب سی بات ہوئی۔ لگاتار بہت سے نوجوان لا پتہ ہوگئے۔ بسیار تلاش کے بعد ان کے بارے میں کوئی جانکاری نہ ملی۔ پھر ایک ہنگامہ ہوا، لوگ متحرک ہوگئے اور حراستی ہلاکتوں کے خلاف سڑکوں پر آگئے، تلاش شروع ہوئی۔ کئی بے نام قبروں سے بر آمد کی گئیں۔

نور شاہ کا لکھا ہوا مختصر افسانہ '' آسمان، پھول اور لہو" جو کشمیر کے نامساعد حالات پر لکھا ہوا افسانہ ہے۔ اس ناول کا یہ اقتباس پیش ہے:

"حلیمہ بی بی جو چند روز قبل اپنی بیٹی خالدہ کے ساتھ ایک شادی میں شرکت کرنے کی غرض سے سرینگر سے ورمل جارہی تھی اور بس اسٹینڈ کے قریب ایک گرنیڈ پھٹنے کے دوران شدید زخمی ہوئی تھی، کورات زخموں کی تاب نہ لاکر اللہ کو پیاری ہوگئیں، اُن کی دس سالہ بیٹی موقعے پر ہی جاں بحق ہوگئی تھی۔۔۔۔۔

اسی طرح کشمیر لال زاکر نے بھی اپنے ناول "لال چوک" میں دہشت گردانہ واقعات کی طرف اشارہ کرتے ہوئے لکھا ہے کہ دہشت گرد واقعات یہ حملوں میں بیرون ریاست کام کرنے یہ غیر ملکی سیاح اور کشمیری عوام بھی بلی چڑھتے ہیں۔

1991 کے بعد کشمیر کے حالات بدل گئے۔ جنت کی اس وادی بے نظیر میں ہر جگہ گولیوں اور دھماکوں کی گن گرج سنائی دینے لگی۔ ہے طرف افراتفری کا ماحول پیدا ہوگیا۔ انسان کھوں پانی کی طرح بہنے لگا، ذہن نے سوچنا چھوڑ دیا، لوگ بے گھر، بے سکون اور بے وطن گئے۔ اس دور کی عکاسی یہاں کے افسانہ اور ناول نگاروں کی تخلیقات امی جابجا نظر آتی ہے۔

الغرض موضوع کے لحاظ سے جموں کشمیر میں اُردو افسانہ نگار اور ناول نگار الگ الگ نقطہ نظر کے حامل نظر آتے ہیں۔ کچھ کشمیر کی سیاسی ناپائیداری، ناانصافی، رشوت خوری، بے روزگاری، دہشت گردی، کرفیو، ہڑتال، پولیس اور فوجیوں کے ہاتھوں ڈھائے گئے مظلی، عصمت ریزی لوٹ مار جیسے موضوعات پر لکھ رہے ہیں ان میں عمر مجید، نور شاہ، شبنم

قیوم، ترنم ریاض، منظور اختر، زاہد مختار، نکہت نظر، وحشی سعید وغیرہ شامل ہیں۔ جموں و کشمیر کے افسانہ اور ناول نگاروں نے حالات، بھوک، افلاس وغیرہ کو موضوع بنا کر بہت سے سماجی مسائل کی عکاسی کی ہیں۔ ان کی تخلیقات میں عام انسانوں کہ دردوکرب جھلکتا ہے اور وہ کشمیری عوام سے متعلقہ ہر چھوٹے بڑے مسئلے کو اجاگر کرتے رہتے ہیں۔ جس سے مسائل پائے جاتے ہیں۔ اور ہمیں کون سے تدارک کرنے چاہیے جن سے ان مسائل کا ازالہ ممکن ہوسکتا ہے۔

حوالہ جات

1 پروفیسر حامدی کاشمیری، ریاست جموں و کشمیر میں اُردو ادب، رچنا پبلی کیشنز جموں، 2010 ص 80

2۔ ڈاکٹر برج پریمی، جموں کشمیر میں اُردو ادب کی نشونما، رچنا پبلی کیشنز جموں، 2004۔ ص 29، 30

3۔ نعیمہ احمد مہجور، دہشت زادی، میزان پبلی کیشنز، سرینگر کشمیر، 2012 ص 3

4 نورشاہ، کیسا ہے یہ جنون، میزان پبلی کیشنز، سرینگر کشمیر، 2012 ص 6

5 نورشاہ، آسمان، پھول اور لہو۔

اسما فیروز- ریسرچ اسکالر/ شعبہ تعلیم و تربیت/ مولانا آزاد نیشنل اردو یونیورسٹی، حیدرآباد

قرآن نسخہ ہدایت

قرآن مجید در اصل اللہ رب العزت کی جانب سے ہدایت کے سلسلے کی آخری کڑی ہے جس کے بارے میں اللہ تعالی نے حضرت آدم علیہ السلام اور ان کی اولاد سے اس وقت عہد لیا تھا جب حضرت آدم اور حضرت حوا علیہما السلام کو اس دنیا میں بھیجا جا رہا تھا۔ سورۃ البقرہ میں اس کا ذکر کچھ اس انداز میں کیا گیا ہے "فامایاتینکم منی ہدی فمن تبع ہدای فلاخوف علیہم ولا ہم یحزنون والذین کفروا وکذبوا بایاتنا اولئک اصحاب النار ہم فیہا خالدون"۔ (البقرہ:۸۳_۹۳) ترجمہ:" جب تمہارے پاس میری طرف سے ہدایت پہنچے تو جنہوں نے میری ہدایت کی پیروی کی ان کو نہ خوف ہوگا نہ کچھ غم اور جنہوں نے اس کو قبول نہ کیا اور ہماری آیات کو جھٹلایا تو وہ دوزخ میں جانے والے ہیں اور اس میں ہمیشہ رہیں گے"۔

جب حضرت ابراہیم و حضرت اسماعیل علیہما السلام خانہ کعبہ کی دیواریں اٹھا رہے تھے اس وقت انہوں نے دعا کی تھی کہ ربنا تقبل منا انک انت السمیع العلیم۔ ربنا واجعلنا مسلمین لک ومن ذریتنا امہ مسلمہ لک وارنا مناسکنا وتب علینا انک انت التواب الرحیم۔ ربنا وابعث فیہم رسولا منہم یتلو علیہم ایاتک ویعلمہم الکتاب والحکمہ ویزکیہم انک انت العزیز الحکیم۔ (البقرہ۸۲۱_۹۲۱)۔ ترجمہ: " اے اللہ ہم سے یہ خدمت قبول فرما اور تو سننے اور جاننے والا ہے اپنا فرمانبردار بنائے رکھ اور ہماری اولاد میں سے بھی ایک گروہ کو اپنا مطیع بنائے رکھنا اور اے اللہ ہمیں ہمارے طریق عبادت بتا اور ہمارے حال پر رحم فرما بے شک تو توجہ فرمانے والا مہربان ہے اے پروردگار ان لوگوں میں انہی میں سے ایک پیغمبر مبعوث فرمانا جو ان کو تیری آیتیں پڑھ کر سنائے اور کتاب اور دانائی کی باتیں سکھائے اور ان کے دلوں کو پاک صاف کرے، بیشک تو غالب اور حکمت والا ہے"۔ اس وقت جہاں حضرت ابراہیم علیہ السلام نے ایک امت کے لیے دعا کی تھی وہیں اس کی رہنمائی کے لئے ایک رسول اور ایک کتاب ہدایت کی بھی دعا کی تھی۔ دعا من عند اللہ مقبول ہوئی اور امت مسلمہ کو حضرت محمد مصطفیٰ صلی اللہ علیہ وسلم کی صورت میں ایک رسول اور قرآن مجید کی صورت میں ایک کتاب ہدایت سے سرفراز کیا گیا۔ قرآن مجید اللہ رب العزت کی طرف سے رہتی دنیا تک کے لئے ہدایت و رہنمائی کا ضامن ہے۔

ذیل میں چند آیات پیش کی گئی ہیں ان آیات سے نزول قرآن کا مقصد واضح ہو کر سامنے آتا ہے

(1) کتاب انزلناہ الیک لتخرج الناس من الظلمات الی النور باذن ربہم الی صراط العزیز الحمید۔ (سورہ ابراہیم:۱) ترجمہ:" یہ ایک پر نور کتاب ہے اس کو ہم نے تم پر اس لئے نازل کیا ہے کہ لوگوں کو اندھیرے سے نکال کر روشنی کی طرف لے جاؤ یعنی ان کے رب کے حکم سے غالب اور قابل تعریف اللہ کے رستے کی طرف"۔

(2) کتاب انزلناہ الیک مبارک لیدبروا ایاتہ ولیتذکر اولو الالباب (سورہ ص:۹۲)۔ ترجمہ:" ہم نے یہ

بابرکت کتاب اس لیے نازل کی ہے تاکہ لوگ اس کی آیات میں غور وفکر کریں اور عقل والے سمجھیں اور سبق حاصل کریں۔"

(3) ذلک الکتاب لا ریب فیہ ہدی للمتقین۔ (سورہ البقرہ:۲) ترجمہ:"اس کتاب میں کوئی شک نہیں اور یہ ہدایت ہے متقین کے لئے"۔

(4) شہر رمضان الذی انزل فیہ القران ہدی للناس وبینات من الہدی والفرقان۔ (سورہ البقرہ: ۱۸۵) ترجمہ:" رمضان وہ بابرکت مہینہ ہے جس میں قرآن نازل ہوا جو لوگوں کا رہنما ہے اور جس میں ہدایت کی کھلی نشانیاں ہیں اور جو حق وباطل کو الگ الگ کرنے والا ہے"۔

(5) یا ایہا الناس قد جاءکم برہان من ربکم وانزلنا الیکم نورا مبینا۔ (سورہ النسا: ۱۷۴) ترجمہ:" لوگو! تمہارے پروردگار کی طرف سے تمہارے پاس روشن دلیل آ چکی ہے اور ہم نے اندھیرا دور کرنے کو تمہاری طرف چمکتا ہوا نور بھیج دیا ہے"۔

(6) یا ایہا الناس قد جاءتکم موعظۃ من ربکم وشفاء لما فی الصدور وہدی ورحمۃ للمؤمنین۔ (سورہ یونس: ۵۷) ترجمہ: " لوگو! تمہارے پاس تمہارے رب کی طرف سے نصیحت اور دلوں کی بیماریوں کی شفا اور مومنوں کے لیے ہدایت اور رحمت آ پہنچی ہے"۔

مذکورہ بالا آیات قرآن مجید کے مقصد نزول اور اس سلسلے میں امت مسلمہ کے مطلوبہ رویے پر بہت ہی واضح انداز سے روشنی ڈالتی ہیں۔ان تمام آیات میں جو بات خاص طور پر موجود ہے وہ یہ کہ قرآن مجید انسانوں کے لیے کتاب ہدایت ہے، تاریکیوں سے روشنی کی طرف رہنمائی کرتا ہے اور حق وباطل کے درمیان تمیز اور تفریق کرنے والا ہے۔قرآن مجید خدائے ذوالجلال کا کلام ہے جسے خدائے بزرگ وبرتر نے نوع انسان کی ہدایت کے لیے اپنے برگزیدہ بندے محمد مصطفیٰ صلی اللہ علیہ وسلم پر نازل فرمایا۔قرآن مجید سے قبل بھی انسانوں کی ہدایت اور رہنمائی کے لیے اللہ تعالی نے کتابیں نازل فرمائیں لیکن یہ تمام کتابیں اور صحیفے ان کے ناخلف حاملین کی تحریفات کا شکار ہو کر رہ گئے اور جب قرآن مجید آیا تو جملہ سابقہ کتب اور صحیفے منسوخ ہو گئے۔قرآن مجید اللہ رب العزت کا آخری پیغام ہے جس کی حفاظت کی ذمہ داری اللہ رب العزت نے خود لی ہے، سورۃ الحجر میں فرمان الہی ہے، قرآن مجید کو اللہ نے جس طرح نازل فرمایا ہے اسی طرح وہ اس کی حفاظت کا بھی ذمہ دار ہے اللہ نے فرمایا" انا نحن نزلنا الذکر وانا لہ لحافظون" ترجمہ:" بے شک ہم نے قرآن مجید نازل فرمایا اور ہم ہی اس کی حفاظت کے ذمہ دار ہیں ."

قرآن مجید کا مقصد نزول صحیح راستے کی جانب انسانوں کی ہدایت اور رہنمائی ہے . قرآن مجید کتاب ہدایت ہے تاکہ لوگ اسے سمجھیں اس پر عمل کریں اور اس کے نتیجے میں دنیا اور آخرت میں اللہ رب العزت کی نعمتوں اور رحمتوں کی چھایا میں رہیں . یہ کتاب انسان کی انفرادی و اجتماعی زندگی کے ہر پہلو کے سلسلے میں اور نفس کے تزکیہ سے لے کر فرد کے ارتقا اور پھر سماج کی ہمہ جہت تعمیر و ترقی کے راستے ہموار کرتی ہے۔ پاکستان کے معروف دانشور پروفیسر خورشید احمد نے اپنی کتاب" قرآن مجید مقصد اور پیغام" میں اس کا بہت ہی اچھا تجزیہ کیا ہے وہ لکھتے ہیں کہ قرآن مجید نے ایک نیا راستہ دکھایا ہے اس نے قبیلے، نسل، رنگ، خاک و

خون اور جغرافیائی تشخص کے بتوں کو پاش پاش کیا ہے اور اعلان کیا ہے کہ پوری انسانیت ایک گروہ ہے اور اس میں جمع اور تفریق اور اجتماعی نظام کی تشکیل کے لئے صرف ایک ہی اصول صحیح ہے یعنی عقیدہ اسلام اور منہج قرآن۔ اسی اصول کے ذریعہ اس نے ایک نئی امت بنائی اور اس امت کو انسانیت کی اصلاح اور تشکیل نو کے عظیم کام پر مامور کردیا۔ جیسا کہ سورۃ آل عمران میں موجود ہے "اب دنیا میں وہ بہترین گروہ تم ہو جسے انسانوں کی ہدایت اور اصلاح کے لیے میدان میں لایا گیا ہے، نیکی کا حکم دیتے ہو بدی سے روکتے ہو اور اللہ پر ایمان رکھتے ہو"۔ قرآن نیا اس امت کی انفرادی و اجتماعی زندگی کی بھی صورت گری کی ہے اور اسے باقی انسانیت کے لئے خیر و صلاح کا علمبردار بنایا ہے۔ یہی وہ چیز تھی جس نے چھٹی صدی عیسوی کے ظلم اور تاریکی سے بھری ہوئی دنیا کو تاریخ کے ایک نئے دور سے روشناس کرایا، جس نے عرب کے اونٹ چرانے والوں کو انسانیت کا نگہبان بنا دیا،، جس نے ریگستان کے بدوؤں کو تہذیب و تمدن کا معمار بنا دیا، جس نے مفلسوں اور فاقہ کشوں میں سے وہ لوگ اٹھائے جو انسانیت کے رہبر بنے، وہ نظام قائم کیا جس نے طاغوت کی ہر قوت سے ٹکر لی اور اسے مغلوب کر ڈالا۔ قرآن طاقت کا ایک خزانہ ہے، اس نے ڈیڑھ ہزار سال پہلے انسانوں کی زندگی بدل کر رکھ دی تھی اور ان کے ہاتھ سے ایک نئی دنیا تعمیر کرائی تھی۔ اسی طرح آج بھی قرآن اپنے ماننے والوں کو تباہی سے بچا سکتا ہے اور انسانیت کا رہنما اور تاریخ کا معمار بنا سکتا ہے بشرط یہ کہ وہ اس کا حق ادا کرسکیں۔ امام احمد ابن حنبل نے خوب کہا" لا یصلح آخر ھذہ الامۃ الا بما صلح بہ اولھا" یعنی اس امت کے بعد کے حصے کی اصلاح بھی اسی چیز سے ہوگی جس سے اس کے اول حصے کی اصلاح ہوئی تھی اور یہ چیز قرآن ہے۔

قرآن مجید کے مطالعہ سے معلوم ہوتا ہے کہ اس کا بنیادی مقصد خود شناسی اور خدا شناسی ہے، یہ کتاب انسانی زندگی کو صراط مستقیم پر چلنے کے لئے روشنی فراہم کرتی ہے، جو لوگ غلط راستے کی طرف بڑھتے ہیں ان کی ٹھیک راستے کی طرف رہنمائی کرتی ہے۔ نزول قرآن کا مقصد بنیادی طور پر یہ بیان کیا جاسکتا ہے کہ یہ کتاب انسان کو دنیا و آخرت میں کامیابی کے حصول کا طریقہ بتاتی ہے جس سے انسان رضائے الٰہی حاصل کرتا ہے جس کے نتیجے میں اس کو دنیا میں اطمینان اور آخرت میں دائمی خوشی حاصل ہوتی ہے۔ یہ کتاب انسانی زندگی کے تمام پہلوؤں کی طرف رہنمائی کرتی ہے، زندگی کے تمام مسائل اور مشکلات کا حل پیش کرتی ہے جس کی روشنی میں انسان شیطان اور اس کے فریب سے محفوظ رہ سکتا ہے۔ مزید قرآن کے مقصد منزل پر غور کرنے سے یہ بات واضح ہوتی ہے کہ یہ کتاب محض تلاوت کرنے کے لئے نہیں ہے بلکہ یہ اللہ کی طرف سے کتاب ہدایت ہے اور اس کتاب سے حقیقی طور پر وہی لوگ مستفید ہو سکتے ہیں جو اس میں غور و فکر کرتے ہیں اور اس پر عمل کرتے ہیں، حقیقت میں یہی لوگ اجر و ثواب کے مستحق ہوتے ہیں اور دو جہاں کی کامیابی وہ کامرانی پر فائز کیے جاتے ہیں۔ واللہ المستعان

صبا پروین۔ ریسرچ اسکالر پی ایچ ڈی، جامعہ ملیہ اسلامیہ نئی دہلی

جوگندر پال کے نمائندہ افسانوں کا تجزیہ

اردو ادب میں مختصر افسانہ نگاری کا آغاز بیسویں صدی کی ابتدا میں ہوا اور منشی پریم چند کو اس فن کا بانی تسلیم کیا جاتا ہے۔ ابتدائی افسانہ نگاروں میں سجاد حیدر یلدرم، سلطان حیدر جوش اور مجنوں گورکھپوری وغیرہ کا نام سامنے آتا ہے۔ بعد ازاں ترقی پسند تحریک کے دور میں بھی افسانہ نگاروں کی ایک طویل فہرست ملتی ہے۔ یہ ضرور ہے کہ تحریکوں نے ادب پر اپنا گہرا رنگ ثبت کیا۔ لیکن چند ایسے لوگ بھی نظر آتے ہیں جو تحریک کے دھارے کے ساتھ ساتھ چلتے ضرور نظر آتے ہیں لیکن ان لوگوں نے دھارے میں شامل ہونے کے بجائے اپنی راہ الگ نکالی۔ ان افسانہ نگاروں میں قرۃ العین حیدر، انتظار حسین، بلراج کومل، غیاث احمد گدی، کمار پاشی، سریندر پرکاش، قمر جہاں وغیرہ افسانہ نگاروں کی ایک طویل فہرست ملتی ہے۔

ایسے ہی افسانہ نگاروں میں ایک اہم نام جوگندر پال کا ہے۔ جوگندر پال کا کہنا ہے کہ میں کہانی نہیں لکھتا ہوں بلکہ کہانی مجھے لکھتی ہے۔ جوگندر پال نے بھی افسانہ نگاری کے ضمن میں نئے تجربات کرنے کی کوشش کی ہے۔ انھوں نے فکر اور فنی دونوں سطحوں پر زندگی کی ازلی حقیقت سے پردہ اٹھانے کی کوشش تو کی ہے ساتھ ابدی حقیقتوں کو بھی اپنے افسانوں میں برتا ہے۔ ان کے یہاں معاشرے کی انحطاط پذیری کا قصہ بھی موجود ہے اور اس کی تغیر پذیر صورت حال سے انھوں نے پردہ اٹھانے کی کوشش بھی کی ہے تا کہ قارئین تک سماج کی من و عن تصویر پہنچ سکے۔ جوگندر پال سماج کے بہترین پارکھ تھے۔ اسی وجہ سے ہمیں ان کے افسانوں میں سماج کی برائیوں پر گہرا طنز دیکھنے کو کثرت سے ملتا ہے۔ اس سلسلے میں محمد علی صدیقی لکھتے ہیں:

''جوگندر پال زندگی کا عکاس ہے۔ نباض ہے اور اس کے ہر افسانہ میں چھپا ہوا گہرا طنز ہمیں بری طرح جھنجھوڑتا ہے۔ اس کا طنز اصلاح احوال کے لیے ہوتا ہے، نہ کہ اس کی اس خواہش کی غمازی کرتا ہے کہ وہ بہ حیثیت ایک تخلیقی فن کار اپنے کرداروں سے جدا نہیں ہو پا رہا ہے۔ وہ ان کے جبر اور اختیار کی کیفیات کا فن کارانہ چابکدستی کے ساتھ مطالعہ کرتا ہے اور ان کے ساتھ اس طرح یک جان ہو جاتا ہے کہ ہم زندگی کو فطرت کے سہارے سمجھنے کے بجائے خود فطرت کو زندگی کی سان پر رکھ دیتے ہیں۔'' (محمد علی صدیقی، جوگندر پال کا فن، جوگندر پال کا ذکر فکر فن، مرتبہ ارتضیٰ کریم)

جوگندر پال کی افسانہ نگاری اور اس کے فکر و فن پر تفسیل سے گفتگو کی جا سکتی ہے جا سکتی ہے۔ لیکن یہاں جوگندر پال کے افسانوی مجموعوں کو سامنے رکھتے ہوئے ان کا مختصر جائزہ پیش کروں گی۔ پال کے افسانوی مجموعے درج ذیل ہیں: (1) دھرتی کا کال (2) میں کیوں سوچوں (3) رسائی (4) مٹی کا ادراک (5) لیکن (6) بے محاورہ (7) بے ارادہ (8) کھلا (9) کھودو بابا کا مقبرہ ہے۔

دھرتی کا کال:

''دھرتی کا کال'' جوگندر پال کا پہلا افسانوی مجموعہ ہے۔ اس کی اشاعت حالی پبلشنگ ہاؤس، دہلی سے 1961 میں ہوئی تھی۔ اس مجموعے میں درج ذیل گیارہ کہانیاں شامل ہیں۔

(1) معجزہ (2) سب کا سوال (3) مندا (4) جب زندگی مرجاتی ہے (5) دھرتی کا کال (6) ایک جامبو رفیق (7) ملٹی ریشل (8) 5 (8) کمینہ (9) ہر جگہ (10) ایک ہی روپ۔ ان افسانوں کے علاوہ مجموعہ میں دو تحریریں اور شامل ہیں۔ پہلی تحریر کرشن چندر کی ہے۔ ان کی تحریر بطور پیش لفظ شامل ہے۔ اس کے علاوہ ایک تحریر ''جامبو، جوگندر پال'' کے عنوان سے شامل ہے جس کے مصنف دیویندر ستیارتھی ہیں۔ آخر میں ایک چھوٹی سی فرہنگ بھی دیکھنے کو ملتی ہے جو افریقہ میں بولے جانے والے الفاظ پر مشتمل ہے۔

جوگندر پال پہلے افسانہ نگار ہیں جنھوں نے افریقہ کی زندگی کو اپنے افسانوں میں پیش کیا ہے۔ ''دھرتی کا کال'' کے گیارہ افسانے دراصل نیروبی سے تعلق رکھتے ہیں۔ جوگندر پال نے اپنے افسانوں کے ذریعہ افریقیوں کے دلوں میں دبی خواہشوں کو باہر لانے کا کام کیا ہے۔ دراصل تمام تر محنت کرنے کے باوجود ان کی زندگی میں سکون نہیں ہے۔ جس کے چلتے ہر ایک آزاد انسان کے دل میں پھلنے پھولنے والی خواہش سماج کی جکڑ بندیوں کو توڑ کر باہر نکلنے اور کھلی فضا میں سانس لینے کے لیے بے قرار ہیں۔ لیکن حالات کے ہاتھوں مجبور افریقی زمین کے ٹکڑوں پر اپنا حق نہیں جما پا رہے ہیں تو ان کی خواہشیں آسمانوں کی جانب پر پھیلا کر اڑ جانا چاہتی ہیں۔

جوگندر پال نے ''دھرتی کا کال'' افسانوی مجموعے میں اسی طرح کی بہت ساری تصویر کشی کی ہے جس میں افریقیوں کے دکھ درد، ان کی تکلیفوں، ان کی پریشانیوں کو اجاگر کرنے کی کوشش کی ہے۔ جوگندر پال سے قبل تک عموماً افریقہ کا ذکر کرتے ہوئے وہاں کے جنگلوں اور وہاں کے وحشی قبائل کا ذکر کیا جاتا رہا ہے۔ ایسے قبیلے جو حبشی تو ہیں لیکن اتنے بہادر کہ وہ کسی سے نہیں ڈرتے۔ لوگوں پر مظالم کرنے سے پیچھے نہیں ہٹتے۔ لیکن جوگندر پال نے اپنے افسانوں میں ایسی تصویر کشی کی جو بالکل اس کے برعکس ہے۔ افریقی لوگ جنھیں تکلیف ہوتی ہے، جو ایک دوسرے کی تکلیفوں میں ان کا سہارا بنتے ہیں۔ جن پر باہری طاقتوں نے آکر ظلم کیے ہیں۔ ان تمام طرح کی باتوں کو جوگندر پال نے اپنے افسانوی مجموعے ''دھرتی کا کال'' میں پیش کیا ہے۔

جوگندر پال نے اس افسانوی مجموعے میں افریقی زندگی کی عکاسی کرنے کی کامیاب کوشش کی ہے۔ بول چال کی زبان عام سادہ اور سلیس ہے۔ افسانوں کے کرداروں کے ذریعہ ادا ہونے والے مکالمات میں افریقہ میں استعمال ہونے والے چند الفاظ پیش کیے گئے ہیں تاکہ افسانہ افریقی ماحول کے عین قریب لگے۔ ان الفاظوں کو سمجھنے کے لیے کتاب کے آخر میں فرہنگ بھی موجود ہے لیکن افسانوں کا مطالعہ کرتے ہوئے ان الفاظ سے طبیعت یکسر مکدر ہو جاتی ہے۔ بسا اوقات وہ الفاظ رخنہ تو ڈالتے ہی ہیں ساتھ ہی ذہن کو الجھن میں مبتلا بھی کرتے ہیں۔ کیا ہی اچھا ہوتا کہ ان الفاظ کے استعمال کے بجائے عام فہم الفاظ کا استعمال کیا جاتا۔

میں کیوں سوچوں:

جوگندر پال کے افسانوں کا دوسرا مجموعہ ''میں کیوں سوچوں''

کے عنوان سے اگست 1962 میں منظر عام پر آیا تھا۔ اس کی اشاعت ادبستان اردو، ہال بازار امرتسر سے ہوئی تھی۔ اس مجموعے کی فہرست پر نظر ڈالنے پر معلوم ہوتا ہے کہ اس میں بارہ افسانوں کے ساتھ ساتھ ''چھینٹے'' کے عنوان کے تحت پینتس (35) افسانچے بھی شامل ہیں۔ کتاب میں شامل بارہ افسانوں میں سے چھ افسانے ''فینٹیسی'' اور بقیہ ''افسانے'' کے عنوانات کے تحت شائع کیے گئے ہیں۔ ان کے عنوانات بالترتیب درج ذیل ہیں۔ (1) جگمگاتے کنارے (2) پاگل (3) میں کیوں سوچوں (4) بہروپ (5) بوڑھا درخت (6) سب سے خوبصورت (7) پہلے ملاقاتیں (8) رنگ بھید (9) بایاں سایہ (10) دھرتی کی بیٹی (11) ناکارہ (12) ہوش بے ہوشی۔

جوگندر پال نے اس افسانوی مجموعے کے زیادہ تر افسانوں میں انسانی ترقی اور اس کے نتیجے میں مرتب ہونے والے برے اثرات کو موضوع بنایا ہے۔ انسانوں نے زیادہ سے زیادہ کام کرنے کے لیے مختلف طرح کی مشینیں ایجاد کرلی ہیں۔ اس سے نہ صرف وقت بچتا ہے بلکہ دماغ کا استعمال بھی نہیں کرنا پڑتا۔ اس کا نتیجہ یہ ہوا کہ انسان ان مشینوں پر ہی منحصر ہو کر رہ جاتا ہے۔ اگر کسی وجہ سے مشین میں خرابی پیدا ہو جائے تو انسان بھی کسی کام کا نہیں رہے گا۔ اس طرح کے متعدد موضوعات جوگندر پال نے اپنے افسانچوں میں بھی پیش کیے ہیں۔ مثال کے طور پر کمپیوٹر میں انسان تمام طرح کے ڈاٹا جمع کرتا رہتا ہے لیکن اگر کسی موقع پر اس میں خرابی پیدا ہو جائے اور اس میں موجود تمام ڈاٹا ختم ہو جائیں تو ایسی صورت میں انسان پھر سے وہیں پہنچ جائے گا جہاں سے اس نے ابتدا کی تھی۔ اس کی حالت نوزائیدہ بچے جیسی ہو جائے گی۔ مشینوں پر حد سے زیادہ انحصار کرنا انسان کی قوت یادداشت پر کہیں نہ کہیں اثر انداز ضرور ہوتا ہے۔

جوگندر پال کا اک اہم افسانہ ''میں کیوں سوچوں'' ہے۔ اس افسانے میں افسانہ نگار نے اپنے تخیل کی مدد سے تیسری عالمی جنگ کا نقشہ تیار کیا ہے۔ تمام عالم پہلی دونوں عالمی جنگوں میں ہونے والے قتل و خون اور انسانی معیشت کے عظیم نقصان سے واقف ہے۔ ان جنگوں میں لاکھوں لوگوں نے اپنی جانیں گنوادی تھیں۔ ایٹم بم کے استعمال نے ہیروشیما اور ناگاساکی پر کیا اثر ڈالا اس کے متعلق ہزاروں صفحات سیاہ کیے جا چکے ہیں۔ کس نے حملہ کیا اور کس پر کیا۔ یہ بات اپنی جگہ اہمیت کی حامل ضرور ہوگی لیکن بحیثیت ایک انسان کے اس کا کوئی مول نہیں رہ جاتا۔ بات تو صرف اتنی سی رہ جاتی ہے کہ اس عمل کی وجہ سے لاکھوں انسانوں نے اپنی جانیں گنوا دیں۔ اس میں صرف اور صرف انسانی قدروں کی پامالی ہوتی ہے۔ تصور کیجیے کہ آج سائنس نے کتنی زیادہ ترقی کرلی ہے ایسے میں اگر تیری عالمی جنگ ہو تو کیا ہو۔ اس کی ہولناکی کا تصور ہی بدن پر لرزہ پیدا کردینے کے لیے کافی ہے۔ جوگندر پال کا کمال یہ ہے کہ تیسری عالمی جنگ کا منظر بیان کرتے ہوئے انھوں نے تخیل اور حقیقت کی دوری کو یکسر ختم کردیا۔ افسانے کے مطالعے سے ایسا محسوس ہوتا ہے کہ انھوں نے افسانے میں بیان کیے گئے تمام مناظر اور اس کی ہولناکیوں کو اپنی آنکھوں سے دیکھا ہے۔

جوگندر پال نے اس میں کسی بھی ملک کا نام نہیں لیا ہے۔ بس دو سوپر پاور ممالک کے درمیان ہونے والی چشمک اور بڑھتی ہوئی کشیدگی اس عالمی جنگ کی وجہ بن سکتی ہے۔ طاقت کے نشے میں چور صرف طاقت کے میدان میں

اولیت کا شرف حاصل کرنے کی دوڑ اور ایک کی دوسرے پر سبقت لے جانے کی ادنیٰ سی خواہش لاکھوں کروڑوں انسانوں کی جان داؤ پر لگا رہی ہے۔

لیکن غیر اہم ممالک کی لاکھ کوششوں کے باوجود دونوں ملکوں نے جنگ کا علم بلند کر دیا اور کہیں حریف ان کو دھوکہ دے کر ان کے خلاف خطرناک ہتھیار استعمال نہ کر لے اس لیے دونوں نے اپنی خطرناک آٹومیٹک مشینوں کے بٹن دبا دیے۔ مشینوں کے ایک بار شروع ہو جانے کے بعد جنگ روکنے کے تمام مواقع انسانوں کے ہاتھوں سے نکل گئے۔ ہر طرف قیامت کا منظر چھا گیا۔ مہلک گیسوں کے فلک شگاف دھماکوں کی وجہ سے ہزارہا میل تک دھند کی چادر پھیل چکی تھی۔ جہاں تک ان دھماکوں کا اثر تھا وہاں تک عجیب قسم کے جراثیم کی بارش سی ہونے لگی۔ ایسے جراثیم کہ جن سے ہونے والی بیماریوں کے متعلق کسی نے تصور بھی نہیں کیا ہوگا۔ آن کی آن میں کیا چرند کیا پرند، کیا انسان اور کیا چھوٹے چھوٹے کیڑے مکوڑے، تمام کے تمام لمحے بھر میں ہی اس کی چپیٹ میں آ کر ہلاک ہونے لگے۔ جوگندر پال نے ان زہریلی گیسوں اور جراثیم سے بیمار ہونے والوں کا نقشہ بخوبی کھینچا ہے۔

جوگندر پال نے اس افسانے میں رسل نام کے ایک کردار کو خلق کیا ہے۔ رسل ایک فلسفی اور Thinker کے طور پر ابھرا تھا۔ جس نے ساری زندگی فلسفۂ رجائیت کی تعلیم دی اور اس پر عمل پیرا رہا۔ جوگندر پال نے رسل کے کردار کے پردے میں دنیا کے تمام ادیبوں اور فلسفیوں کی بات کی ہے۔

جوگندر پال نے اس افسانے میں انسان کی نام نہاد ترقی پر طنز کیا ہے۔ ایسی ترقی جو ایک وقت کے بعد خود اس کی بربادی اور تباہی کا سامان بن جائے گی۔ رسل جیسے مفکر بھی اس زمین پر مل جائیں گے جن کی باتیں تمام لوگ نہ صرف بغور سنتے ہیں بلکہ اس کی باتوں کو حمایت بھی کرتے ہیں لیکن جب عمل کا وقت آتا ہے تو بسا اوقات ان کے ذہنوں پر شیطان غالب آ جاتا ہے اور وہ ایسا قدم اٹھا لیتے ہیں جس کا خمیازہ پوری دنیا کو بھگتنا پڑتا ہے۔

مٹی کا ادراک:

جوگندر پال کا افسانوی مجموعہ ''مٹی کا ادراک'' 1970 میں منظر عام پر آیا تھا۔ اس کی اشاعت لاجپت رائے اینڈ سنس تاجران کتب، اردو بازار دہلی سے ہوئی تھی۔ اس کے سرورق پر افسانوی مجموعہ کا نام ''مٹی کے ادراک'' چھپا ہوا ہے۔ لیکن اندر کے صفحات پر کتاب کا نام ''مٹی کا ادراک'' کے عنوان سے شامل ہے۔ اس لیے ہمیں یہ تسلیم کرنے میں قباحت نہیں ہونی چاہیے کہ اس افسانوی مجموعے کا اصلی نام ''مٹی کا ادراک'' ہے۔ 188 صفحات پر محیط اس مجموعے میں کل 13 افسانے شامل ہیں جن کے نام حسب ذیل ہیں:

(1) ایک دو منٹ کی خاموشی (2) غروب (3) مٹی کا ادراک (4) ک۔ لک (5) سراپا (6) پیچ (7) بازار (8) ٹیلی سکوپ (9) پرش اور پشو (10) کٹ (11) شرارہ (12) رہا بھارت (13) خلاباز۔

اس افسانوی مجموعے کا ایک اہم افسانہ ''مٹی کا ادراک'' ہے۔ جوگندر پال نے اس افسانے میں اورنگ آباد میں موجود اجنتا کے غاروں کا منظر پیش کیا ہے۔ افسانے میں انھوں نے ایک گائیڈ کی زبان سے ان غاروں کے ملنے کی تاریخ بھی بتائی ہے۔ ان غاروں میں چھوٹی بڑی ہزاروں کی تعداد میں مورتیاں موجود ہیں۔ مورتیوں کی بناوٹ اتنی دلکش

ہے کہ وہ سب جیتی جاگتی محسوس ہوتی ہیں۔ جوگندر پال کی کہانی کا خاصہ ہے کہ انھوں نے اجنتا کے غاروں میں بنی مورتیوں میں جان ڈالنے کے ساتھ ساتھ اپنے افسانے میں بھی جان ڈال دی ہے جو کہ قاری کو اپنی گرفت میں رکھتا ہے۔

مٹی اور انسان کے درمیان ایک گہرا رشتہ ہے۔ انسان کی مٹی سے پیدا کیا گیا ہے اور اسے مٹی میں ہی مل جانا ہے۔مورتیوں کے ساتھ بھی ایسا ہی معاملہ ہوتا ہے۔ وہ بھی مٹی سے ہی بنائی جاتی ہیں۔ اس میں کمی زیادتی کر کے مورتیوں کی مختلف صورتیں بنائی جاتیں ہیں۔اس طرح سے دیکھا جائے تو انسان اور مورتیوں کے درمیان بھی ایک گہرا رشتہ ملتا ہے۔ بہرحال جوگندر پال کے نزدیک بھی انسانی زندگی کا سارا دارومدار مٹی پہ ہی منحصر ہے۔

جوگندر پال کے مجموعے میں ایک اہم افسانہ "سراپا" کے عنوان سے بھی شامل ہے۔اس کہانی میں لطیف نام کا ایک کردار ہے جو مصور ہے۔ لطیف اپنے محبوب ساحرہ کی تصویر بنانا چاہتا ہے، جس کے لیے وہ بہت محنت سے ایک پہلو پر غور کرتے ہوئے اپنی تصویر کو مکمل کرنا چاہتا ہے۔ جسم کے تمام نقش کو اپنی آنکھوں میں اپنے ذہن میں بٹھا کر وہ تصویر بنانے میں منہمک ہے۔ لیکن اس کے سامنے بار بار مسئلہ یہ پیش آتا ہے کہ ساحرہ کے ذرا سے ہلنے پر اس کے ذہن میں بننے والے نقشے بھی ہل جاتے ہیں۔ جس کے سبب کئی مرتبہ وہ جھلاہٹ کا شکار بھی ہو جاتا ہے۔ دراصل وہ ساحرہ کی شکل میں ایک شاہکار پیش کرنا چاہتا ہے۔ تصویر بنانے کا یہ عمل کئی روز سے جاری و ساری ہے لیکن کسی نہ کسی سبب وہ اپنی تصویر کو مکمل نہیں کر پا رہا تھا۔

جوگندر پال نے اس افسانے میں اللہ کی تخلیقی صلاحیت کو بنیاد بنا کر اپنی کہانی کا تانا بانا بنا ہے۔ اللہ جو قادر مطلق ہے، اسی نے اس کائنات کی رچنا کی ہے، اس کائنات کی تمام تر خوبصورتی، اس میں پائے جانے والے رنگ اور اس کے ذریعے بنائی گئی تمام تر چیزیں خواہ انسان ہوں یا جانور، پہاڑ ہو یا دریا۔ چہار سو اس کی قدرت کے نظارے بکھرے ہوئے ہیں۔ دراصل افسانے کا کردار ایک مصور ہے اور وہ ایک تصویر مکمل کرنے کے لیے کئی دنوں سے جتن کر رہا ہے لیکن تمام تر کوشش کہیں نہ کہیں رائیگاں چلی جاتی ہیں۔ ایسے میں وہ سوچنے پر مجبور ہو جاتا ہے۔

جوگندر پال نے اس افسانے کا اختتام بڑی خوبصورتی کے ساتھ کیا ہے۔ انھوں نے آخر میں یہ نصیحت دینے کی کوشش کی ہے کہ انسان کتنا بھی بڑا فن کار کیوں نہ ہو لیکن مالک حقیقی کے سامنے اس کی حیثیت کچھ بھی نہیں۔ صرف مالک حقیقی کی ہی تخلیق ایسی ہو سکتی ہے جس میں کسی طرح کے نقص کی کوئی گنجائش باقی نہ رہے۔ یہی وجہ ہے کہ مصور بھی حقیقت میں ساحرہ کے سامنے کھڑا ہو کر اس کی خوبصورتی میں اور اس کے نقش و نگار میں کھو سا گیا تھا۔ محویت کا عالم اس پر اسی لیے طاری ہے کیوں کہ وہ مالک حقیقی یعنی اللہ کی بنائی ہوئی مخلوق کے سامنے کھڑا تھا اور اس پر غور کر رہا تھا۔ بہت غور و فکر کرنے کے بعد بھی اس میں کہیں کوئی نقص نظر نہیں آیا۔ یہی چیز اس کو مبہوت کرنے کے لیے کافی تھی۔

مٹی کا ادراک کے اس افسانے "سراپا" میں املا کی بہت ساری غلطیاں نظر آتی ہیں۔ جس کی وجہ سے کئی مرتبہ ذہن الجھن کا شکار ہوتا ہے۔ حیرت ہوتی ہے کہ جوگندر پال کے اس افسانوی مجموعہ کے باقی افسانوں میں یہ غلطی نظر نہیں آتی۔ لیکن اس افسانے میں کئی جگہ پر یہ غلطی نظر آتی ہے جس کی وجہ سے ذہن پریشان ہوتا ہے۔ اس کے باوجود یہ افسانہ اہم ہے۔

اخلاقِ نبوی صلی اللہ علیہ وسلم

علامہ شبلی نعمانیؒ

تم آنحضرت ﷺ کے حلم وعفو، مساہمت ودرگذر کے سیکڑوں واقعات پڑھ چکے، نظر آیا ہوگا کہ اس خزانہ رحمت میں دوست ودشمن، کافر ومسلم، بوڑھے، بچے، عورت، مرد، آقا وغلام، انسان وحیوان ہر ایک صنف ہستی برابر کی حصہ دار تھی۔

ایک صاحب نے آپ ﷺ سے کسی پر بددعا کرنے کی درخواست کی تو غضب ناک ہو کر فرمایا ''میں دنیا میں لعنت کے لیے نہیں آیا ہوں، رحمت بنا کر بھیجا گیا ہوں''۔ آپ ﷺ نے دنیا کو پیغام دیا: **لا تباغضوا ولا تحاسدوا ولا تدابروا وكونوا عباد الله اخوانا.**

ایک دوسرے پر بغض وحسد نہ کرو، ایک دوسرے سے منہ نہ پھیرو اور اے خدا کے بندو سب آپس میں بھائی بھائی بن جاؤ۔ ایک اور حدیث میں حکم فرمایا: **احب للناس ما تحب لنفسک تکن مسلما** لوگوں کے لیے وہی چاہو جو اپنے لیے چاہتے ہو تو مسلم بنوگے۔

حضرت انسؓ سے مروی ہے کہ آپ ﷺ نے فرمایا:

لا يؤمن احدكم حتى يحب للناس ما يحب لنفسه وحتى يحب المرء لا يحبه الا لله عز وجل.

تم میں سے کوئی شخص اس وقت تک کامل مومن نہیں ہوسکتا جب تک وہ سب لوگوں کے لیے وہی محبوب نہ رکھے جو اپنے لیے رکھتا ہے، جب تک وہ دوسرے کو بے غرض صرف خدا کے لیے پیار نہ کرے۔

ایک شخص نے مسجد نبویؐ میں آکر دعا کی ''خدایا! مجھ کو اور محمد ﷺ کو مغفرت عطا کر'' آپ ﷺ نے فرمایا ''خدا کی رحمت کو تم نے تنگ کر دیا'' ایک اور روایت میں ہے کہ ایک اعرابی مسجد نبویؐ میں آیا اور آپ ﷺ کے پیچھے نماز پڑھی، نماز پڑھ کر اپنے اونٹ پر سوار ہوا اور بولا ''خداوند! مجھ پر اور محمد ﷺ پر رحمت بھیج اور ہماری رحمت میں کسی اور کو شریک نہ کر'' آپ ﷺ نے صحابہؓ کی طرف خطاب کر کے فرمایا ''بتاؤ یہ زیادہ راہ بھولا ہوا ہے یا اس کا اونٹ''، یعنی آپ ﷺ نے اس قسم کی دعا کو ناپسند فرمایا۔

رقیق القلبی: آنحضرت ﷺ نہایت رحم دل اور رقیق القلب تھے، (مالک بن حویرث ایک وفد کے رکن بن کر خدمت اقدس میں حاضر ہوئے تھے، ان کو بیس دن تک مجلس نبویؐ میں شرکت کا موقع ملا تھا، وہ فرماتے تھے: **كان رسول الله ﷺ رحيما رفيقا.** آنحضرت ﷺ رحیم المزاج اور رقیق القلب تھے۔

حضرت زینبؓ کا بچہ مرنے لگا تو انھوں نے آنحضرتؐ کو بلا بھیجا اور قسم دلائی کہ ضرور تشریف لائیے، مجبوراً آپ ﷺ تشریف لے گئے، حضرت سعد بن عبادہؓ، معاذ بن جبلؓ، ابی بن کعبؓ، زید بن ثابتؓ بھی ساتھ تھے، بچہ کو لوگ ہاتھ میں لے کر سامنے لائے، وہ دم توڑ رہا تھا، بے اختیار آپ ﷺ کی آنکھوں سے آنسو جاری ہو گئے، حضرت سعدؓ کو تعجب ہوا کہ یا رسول اللہ! یہ کیا؟ فرمایا ''خدا ان ہی بندوں پر رحم کرتا ہے جو اوروں پر رحم کرتے ہیں۔

غزوۂ احد کے بعد جب آپ ﷺ مدینہ تشریف لائے تو گھر گھر شہیدوں کا ماتم برپا تھا، مستورات اپنے اپنے شہیدوں پر نوحہ کر رہی تھیں، یہ دیکھ کر آپ ﷺ کا دل بھر آیا اور فرمایا ''حمزہؓ (عم رسول اللہ) کا کوئی نوحہ خواں نہیں''۔

(سیرۃ النبیؐ، جلد: دوم، ص: ۳۱۱-۳۱۲)

مولوی حبیب الرحمن۔حیدرآباد

صالحیت

اللہ تعالیٰ قرآن میں سیدنا ابراہیمؑ اور اسماعیلؑ کا اسوہ بیان فرمائے ہیں "وَاِذْ یَرْفَعُ اِبْرٰهِیْمُ الْقَوَاعِدَ مِنَ الْبَیْتِ وَاِسْمٰعِیْلُ رَبَّنَا تَقَبَّلْ مِنَّا اِنَّکَ اَنْتَ السَّمِیْعُ الْعَلِیْمُ رَبَّنَا وَاجْعَلْنَا مُسْلِمَیْنِ لَکَ وَمِنْ ذُرِّیَّتِنَآ اُمَّةً مُّسْلِمَةً لَّکَ وَاَرِنَا مَنَاسِکَنَا وَتُبْ عَلَیْنَا اِنَّکَ اَنْتَ التَّوَّابُ الرَّحِیْمُ" (سورہ البقرہ:127-128) ترجمہ: (اور جس وقت ابراہیمؑ اور اسماعیلؑ اس گھر کی (تعمیر کررہے تھے) دیواریں بلند کررہے تھے (ان کی دعا یہ تھی) اے ہمارے رب ہم سے یہ خدمت قبول فرما۔ بے شک آپ ہی (دعاؤں کے) سننے والے (اور ہماری دلی تمناؤں کو) جاننے والے ہیں۔اے ہمارے رب (پیدا کرنے والے) پروردگار ہم کو اپنا اطاعت گزار بندے بنالیجئے۔ نہ صرف ہم کو بلکہ ہماری نسلوں کو بھی ایسی امت بنائیے جو آپ ہی کی فرمانبردار ہو اور ہم کو اس گھر کی زیارت کے آداب (یعنی مناسکِ حج وعبادات کے طریقے) بتادیجئے اور ہمارے حال پر ہمیشہ توجہ فرماتے رہیئے۔بے شک آپ بڑے ہی معاف کرنے والے اور بڑے ہی توبہ قبول کرنے والے رحیم ہیں۔) دعا کے قرآنی آداب یہ ہیں۔

1۔"وَادْعُوْهُ خَوْفًا وَّطَمَعًا" (سورہ الاعراف:56) ترجمہ: (اور اس سے دعا کرو ڈرتے ہوئے اور امید رکھتے ہوئے۔) ڈر یہ کہ کہیں یہ معروضہ مرضی رب کے خلاف تو نہیں کوئی گستاخی تو نہیں اور امید یہ کہ حق تعالیٰ دعا یقینی قبول کرتے ہیں۔ "اُدْعُوْنِیْٓ اَسْتَجِبْ لَکُمْ" (سورہ المؤمن :60) ترجمہ: (مجھ سے دعا کرو میں قبول کرتا ہوں۔)

2۔ "اُدْعُوْا رَبَّكُمْ تَضَرُّعًا وَّخُفْيَةً" (سورہ الاعراف: 55) ترجمہ: (اپنے رب سے دعا کرو عاجزی سے اور آہستہ۔) یعنی دعا میں تضرع زاری ہو عاجزی و منت ہو۔

اجابتِ دعا (مقبولیتِ دعا) کے متعلق ایک غلط فہمی یہ پیدا ہوگئی ہے کہ لوگ سمجھتے ہیں کہ ہم جو دعا کریں، جو مانگیں وہی مل جائے حالانکہ حق تعالیٰ حکیم وعلیم ہیں اور بندہ نہیں جانتا کہ کس چیز میں اس کا حقیقی نفع وضرر ہے۔ضروریات وخواہشات سے مجبور ہو کر بندہ دعا کرتا ہے۔اللہ علیم وحکیم بندہ کے نفع وضرر کے لحاظ سے اس کو فوری یا بدیر قبول کرتے ہیں۔ لہٰذا اجابتِ دعا (مقبولیتِ دعا) کے معنی یہ ہیں کہ اگر دعا میں دنیوی یا دینی ضرر نہ ہو تو بعینہٖ فوری یا بدیر قبول کی جائے گی اس معنی میں بندۂ مومن کی ہر دعا قبول ہوتی ہے۔خصوصاً مغفرت اور نفعِ آخرت کی ہر دعا فوراً قبول ہوجاتی ہے۔غرض کاروبار ومعاملات زندگی میں دعا کی توفیق اور اجابتِ دعا (رب سے جڑنا) کا صحیح مفہوم ایک خاص نعمتِ الٰہی ہے جو ہر مانگنے والے کو عطا کی جاتی ہے۔

اللہ جل شانہٗ کو حاجت روا، کارساز ومستعان تسلیم کرنے کے بعد ممکن نہیں کہ مومن اللہ کے سوا کسی اور کے آگے اپنی حاجتیں پیش کرے، مشکلات میں، مصائب میں مدد کے لئے کسی اور کو پکارے، کسی اور کے آگے ہاتھ پھیلائے، عاجزی و ذلت کا اظہار کرے، بزرگانِ دین نے بھی جس سے منع کیا، اس کے برخلاف بزرگوں کو مشکل کشا د کارساز سمجھ کر ان کو مدد

کے لئے پکارنا ان سے محبت نہیں دشمنی ہے۔ ان کا احترام نہیں، ان کی تعلیم کی تحقیر ہے جو اللہ کا ولی ہے وہ ہرگز ایسی مشرکانہ تعلیم نہیں دے سکتا۔ اللہ جل شانہٗ اس آیت کریمہ: "وَاِذَا سَاَلَكَ عِبَادِیْ عَنِّیْ فَاِنِّیْ قَرِیْبٌ اُجِیْبُ دَعْوَةَ الدَّاعِ اِذَا دَعَانِ" (سورہ بقرہ 186) ترجمہ: (جب آپ سے میرے بندے میرے متعلق دریافت کریں تو (کہہ دیجئے) کہ میں قریب ہوں اور دعا کرنے والے کی دعا سنتا ہوں جب وہ مجھ سے دعا کریں۔) میں اللہ تعالیٰ اپنے قریب ہونے کا علم اس لئے دے رہے ہیں کہ ان کے حاجت مند بندے اپنی حاجتوں میں ان ہی سے مدد مانگیں مگر افسوس کہ اللہ تعالیٰ کے قریب ہونے کا علم دینے کی غرض و غایت کو بھول کر لوگ اس چکر میں پھنس گئے کہ اللہ تعالیٰ کیسے قریب ہیں۔ نتیجہ یہ ہوا کہ ہر در کو در جاناں سمجھ کر اسی پر سر رکھ دیا۔ معلمِ حکمت صلی اللہ علیہ وسلم کی تعلیم ہے کہ "جب تم سوال کرو تو اللہ ہی سے سوال کرو اور جب مدد مانگو تو اللہ ہی سے مدد مانگو۔"

۸) اطاعتِ حق

خوف و رجا، شکر، صبر و رضا، محبت، ذکر، توکل، دعا (تعلق باللہ) کا لازمی قدرتی اثر اللہ تعالیٰ کی اطاعت ہے۔ باطل شکن اطاعت ہے اسی سے ایمان باللہ، تعلق باللہ میں پختگی پیدا ہوتی ہے اس لئے حکم دیا گیا۔ "وَاَطِیْعُوا اللّٰهَ وَرَسُوْلَهٗۤ اِنْ كُنْتُمْ مُّؤْمِنِیْنَ" (سورہ الانفال: 1) ترجمہ: (اور اللہ اور اس کے رسول کی اطاعت کرو اگر تم مومن ہو۔) یہی وہ اسلام ہے جو عنداللہ مقبول ہے جس کے بعد ذلت نہیں عزت ہے، پستی نہیں سربلندی ہے، حیرانی و پریشانی نہیں سکون و اطمینان ہے۔ دینِ اسلام اختیار کرنے کی غرض یہی ہے کہ زندگی سراپا بندگی ہو جائے اور مغفرت و جنت پاسکیں۔ اگر ماحول اس کے خلاف ہو تو قلب، ماحول سے راضی نہ رہے اور حتی المقدور ماحول کے خلاف قولاً و فعلاً جدوجہد جاری رہے اگر باطل ماحول سے چاہے وہ گھر کے اندر ہی کیوں نہ ہو، کراہیت اور قلبی مخالفت نہ ہو تو یہ ایمان کا ایسا نقص ہے جو خطرہ سے خالی نہیں، صحتِ ایمانی کے بعد زندگی سرتا پا بندگی ہو جانے کے لئے دینِ فطرت میں چار بنیادی عمل ہیں۔ نماز، زکوٰۃ، روزہ، حج مگر شعورِ بندگی قائم رکھنے کے لئے ان تمام اعمال میں نماز ہی ایک ایسا عمل ہے جو امیر و غریب، مرد و عورت، غلام و آزاد سب کے لئے یکساں طور پر ضروری ہے۔ زکوٰۃ، روزہ، حج کی طرح نماز دولت یا مخصوص مہینے و حالات پر مشروط نہیں ہے بلکہ کلمۂ طیبہ کے ذریعہ بندگی کا جو علم بخشا گیا ہے، نماز اس کی عملی مشق ہے۔ اسی لئے رسول اللہ صلی اللہ علیہ وسلم نے خاص طور پر اس کی تعلیم دی ہے اور اس کے خیر و برکت بیان فرمائے۔ صحابہ کرامؓ کی زندگیوں میں یہی عمل نمایاں نظر آتا ہے۔ یہی وہ ذکر ہے، یہی وہ عمل ہے جس سے تزکیۂ نفس بھی ہوتا ہے اور تطہیر قلب بھی، عبد و رب کا تعلق نماز ہی کے ذریعہ قائم رہ سکتا ہے، تزکیۂ نفس کے لئے نماز کے بجائے دوسرے اشغال اور طریقوں کو اختیار کرنے کے معنی یہ ہیں کہ رسول اکرم صلی اللہ علیہ وسلم اور صحابہؓ نے جو اہمیت نماز کو دی ہے اس کی کوئی وقعت ہماری نظر میں نہیں۔ معلم کتاب صلی اللہ علیہ وسلم یہ تعلیم دے رہے ہیں۔ "واعلموا ان خیر اعمالکم الصلوٰۃ" (احمد، ابن ماجہ) ترجمہ: (یقین رکھو کہ تمہارے اعمال میں بہتر عمل نماز ہی ہے۔) "الصلوٰۃ نور" (مسلم) ترجمہ: (نماز نور ہے) "الصلوٰۃ معراج المؤمنین" (نماز ایمان والوں کی معراج ہے۔) اس مسنون عمل کے بجائے دوسرے غیر مسنون اعمال و اشغال کو اہمیت دینا عیاذاً باللہ رسالت کو ناقص سمجھنا ہے۔ ان چار بنیادی اعمال

کو زندگی کی تعمیر سے جو ربط و مناسبت ہے وہ مختصراً عرض ہے۔

۱) نماز:

پاک و صاف ہو کر نیت صحیح کی جاتی ہے اور پختہ عزم کے ساتھ اپنے رب کے حضور میں فقیرانہ و عاجزانہ طریقہ سے حاضر ہو کر بندگی کا اقرار کیا جاتا ہے۔ پیمانِ عبدیت کی تجدید کی جاتی ہے۔ عرض کرتے ہیں کہ ہم آپ ہی کی عبادت کرتے ہیں۔ بغیر کسی توسط و ذریعہ کے آپ ہی سے مدد مانگتے ہیں۔ اپنی ہر قسم کی فلاح میں آپ ہی کی توجہ و دستگیری کے محتاج ہیں۔ استدعا کرتے ہیں کہ اس صراط مستقیم پر ہم کو چلایئے۔ جس کی منزل' فردوس بریں ہے۔ وہی آپ کی ابدی خوشنودی و رضا کا مقام ہے۔ اپنے ان بندوں کی اتباع و تقلید کی توفیق دیجئے، جن کو آپ نے خاص انعاموں سے سرفراز فرمایا ہے۔ دین و ایمان پر استقامت ایمان میں صدق' قرآنی بصیرت' ایمانی جرأت و فراست' اللہ تعالیٰ و رسول اکرم صلی اللہ علیہ وسلم سے محبت' ان کی اطاعت و فرمانبرداری' اہلِ حق سے محبت' حق کے مخالفین سے بغض' نیکیوں کی رغبت' برائیوں سے نفرت' حق پر قائم رہنے اور دینِ حق قائم کرنے کے لئے دنیا کا ہر نقصان گوارا کرنے کی ہمت' نیکیوں کی اشاعت اور برائیوں کو مٹانے کا عزم و حوصلہ' مصیبتوں میں صبر و رضاءِ مرضی کے مطابق باتوں میں شکر' کاروبار میں توکل' ہر مشکل و حاجت میں اللہ تعالیٰ ہی سے دعا و استعانت' گناہ و لغزش میں توبہ وہ انابت' مخلوق سے بے خوفی و ناامیدی اور آپ ہی سے خوف و امید' ہر حرکت و سکون میں آپ ہی کے فضل و رحمت پر نظر' اس عالم میں یہی آپ کے خصوصی انعام ہیں۔ التجا ہے کہ اس خصوصی انعام سے ہم کو بھی سرفراز فرمایئے اور اس طرح سرفراز فرمایئے جیسا کہ "وَمَنْ يُّطِعِ اللّٰهَ وَالرَّسُوْلَ فَاُولٰٓئِكَ مَعَ الَّذِيْنَ اَنْعَمَ اللّٰهُ عَلَيْهِمْ مِّنَ النَّبِيّٖنَ وَالصِّدِّيْقِيْنَ وَالشُّهَدَآءِ وَالصّٰلِحِيْنَ وَحَسُنَ اُولٰٓئِكَ رَفِيْقًا (سورہ النساء:69)

ترجمہ: (جو لوگ اللہ اور رسول کی تعلیم و ہدایت کے مطابق زندگی بسر کرتے ہیں وہ قیامت کے دن اُن لوگوں کے ساتھ ہوں گے جن پر اللہ تعالیٰ نے بڑا فضل فرمایا (وہ فضل و انعام پانے والے) نبیین' صدیقین اور شہداء و صالحین میں سے ہوں گے اور کیا ہی اچھا ہے اُن اصحاب کی رفاقت اور کیسے اچھے ہیں اُن کے رفیق) کہ پھر ہم آپ کے غضب کے مورد نہ ہوں اور نہ گمراہ' سرافگندہ ہو کر عبدیت و بندگی کا والہانہ اظہار کرتے ہیں اور اپنے معروضہ کی مقبولیت کا پروانہ لے کر ہی اٹھنے کی امید رکھتے ہیں۔ بندگی' رب کے دو اجزاء ہیں رب ہی سے استعانت اور رب ہی کی عبادت' نماز میں دونوں کی مشق ہے۔

نماز' بارگاہِ رب العزت میں حاضر ہو کر صلاح و خیر و فلاح کی ایک مودبانہ درخواست و استدعاء ہے' رحمٰن و رحیم سے رحمت عام و خاص کی طلب ہے۔ مالکِ یوم الدین سے نجات و مغفرت کی استدعا ہے' ہدایت دینے والے سے بندگی کے عہد و پیمان پر قائم اور سرکشی و گمراہی سے محفوظ رکھنے کا معروضہ ہے ایک فقیر بے نوا اپنے داتا کے سامنے سرنگوں ہو کر بھیک مانگتا ہے۔ اس ادراک و دانش سے جو نماز پڑھی جائے گی اس میں خشوع بھی ہو گا حضور قلب بھی۔ ایسی ہی نماز سے فکر و عمل کی گندگی دور ہوتی ہے۔ بندگی کا شعور قائم رہتا ہے اور بندگی کے اعلیٰ مدارج حاصل کرنے کی قابلیت پیدا ہوتی ہے۔ نماز میں اللہ تعالیٰ کی ربوبیت کا استحضار ہے، اپنی محتاجی و بندگی اور انجام آخرت پیشِ نظر ہے۔ ان ہی باتوں سے نفس کا تزکیہ ہوتا ہے اور زندگی کے تمام تعلقات میں اللہ اور رسول کی اطاعت کا والہانہ جذبہ پیدا ہوتا ہے۔

(ماخوذ: رہنمائے فطرت، ص:۱۲۳-۱۲۷)

امداد الحق بختیار - صدر شعبۂ عربی ادب جامعہ اسلامیہ دار العلوم حیدرآباد

وقف ایکٹ ترمیمی بل 2024 - مکمل لوٹ کی منظّم منصوبہ بندی

وقف: خیر خواہی، ہمدردی، تعاون اور معاشرتی بہبود کی ایک بہترین شکل ہے، اور اسلام میں صدقہ جاریہ کی دیرپا اور محفوظ صورت ہے، اسلامی نقطہ نگاہ سے یہ ایک عبادت ہے، انسان اپنے دین، اپنی قوم وملت اور اس کے افراد کے لیے اپنی جائداد کا ایک حصہ ہمیشہ کے لیے اللہ تعالی کے نام پر وقف کرتا ہے، اسلام کی تاریخ کے ساتھ وقف کی روایت بھی قدیم ہے، عہد رسالت مآب ﷺ اور صحابہؓ کے زمانہ سے آج تک اور ان شاء اللہ قیامت تک یہ روایت برقرار رہے گی۔

ہندوستان میں مسلمانوں کی موقوفہ جائداد

ہندوستان میں اسلام کی آمد کے ساتھ ہی وقف کی روایت شروع ہوگئی تھی؛ یہاں بھی ہمارے اسلاف نے بڑی مقدار اور تعداد میں اپنی جائداد وقف کی ہیں، جو ہندوستان کے طول وعرض میں پھیلی ہوئی ہیں؛ ایک اندازہ کے مطابق ہندوستان میں تقریباً 8 تا 10 لاکھ ایکڑ زمین وقف ہیں، جن کی قیمت 12000 بلین سے زائد ہے۔ ہندوستان میں سب سے زیادہ زمین ریلوے کے پاس ہے، اس کے بعد وزارت دفاع کے پاس ہے اور تیسرے نمبر پر اوقاف کی زمین ہیں۔ اوقافی جائیدادوں کے تعلق سے پارلیمانی کمیٹی نے اپنی ایک رپورٹ میں بتایا تھا کہ ہندوستان کی موقوفہ املاک سے سالانہ (25) کروڑ روپے کی آمدنی ہوتی ہے؛ لیکن ان کی حفاظت وخبر گیری کی جائے تو یہ آمدنی سالانہ چھ سو (600) کروڑ روپے باآسانی ہوسکتی ہے۔

لیکن ملک عزیز میں مسلمانوں کی بالادستی اور حکومت کے ختم ہوتے ہی، ان اوقافی جائدادوں پر بری نگاہیں پڑنے لگیں، حتی کہ ان کی صیانت اور حفاظت مسلمانوں کے لیے ایک چیلنج بن گئی، خاص طور پر آزادی کے بعد مسلمانوں کو جن مختلف سنگین مسائل کا سامنا کرنا پڑا، ان میں سے ایک بہت نازک اور تشویشناک مسئلہ موقوفہ جائیدادوں کا تحفظ اور اس کی آمدنی کا مناسب استعمال بھی ہے۔

اوقافی زمینوں کی لوٹ

ہر زمانے اور ہر دور میں ہر حکومت نے اوقافی جائدادوں پر قبضے کیے، ان کا من مانی استعمال کیا گیا، قبضہ کی یہ منحوس اور ظالمانہ روایت انگریزی دور اقتدار سے لے کر ابھی تک جاری ہے، اور اب موجودہ اقاف کی جائیدادوں میں سے تقریباً 80 فیصد پر حکومت اور عوام کا قبضہ ہو چکا ہے، صرف 20 فیصد اوقافی جائداد وقف بورڈ کے پاس محفوظ ہیں۔ سب سے بڑی مقدار میں ہریانہ اور پنجاب میں اوقافی جائداد پر قبضے کیے گئے، جہاں سے مسلمان ترک وطن کر کے پڑوسی ملک چلے گئے۔ اسی طرح مہارشٹر میں بھی سب سے زیادہ اوقاف کے ساتھ خرد برد کی جارہی ہے؛ بلکہ خود ملک کی راجدھانی دہلی میں اوقافی کی زمینوں کا بیشتر حصہ حکومت اور عوام کے ناجائز قبضے میں ہے، تلنگانہ میں 177,538 ایکڑ اوقاف کی زمینات ہیں، ان میں سے صرف 16000 ایکڑ زمین قانونی چارہ جوئی سے پاک ہے، یعنی وقف بورڈ کے

پاس صرف 20 فیصد زمینات بچی ہیں، جن کی سالانہ آمدنی 50 سے 70 لاکھ کے درمیان ہے۔ دیگر ریاستیں: گجرات، راجستھان، مدھیہ پردیش، اتر پردیش اور بنگال کی صورت حال بھی بدتر ہے۔

اوقاف کی تباہی اور بربادی کے ذمہ دار مرکزی اور ریاستی حکومتوں کے ساتھ سیاسی لیڈران، اوقاف کے متولیان اور وقف بورڈس کا عملہ بھی ہے، ان میں سے جس کو جہاں موقع ملا، مال غنیمت سمجھ کر ان سب نے اوقاف کی جائداد کو دونوں ہاتھ سے لوٹا۔

اوقاف کی حفاظت اور وقف ایکٹ

اوقاف کی حفاظت کے لیے آزادی سے پہلے بھی ایک قانون اور ایکٹ بنایا گیا تھا، جسے وقف ایکٹ 1923 کہتے ہیں، پھر آزادی کے بعد ایک ایکٹ تشکیل دیا گیا، جسے 1954 وقف ایکٹ کے نام سے یاد کیا جاتا ہے، اس میں وقف کے تمام تقاضوں کو پورا نہیں کیا گیا تھا، پھر ''وقف ایکٹ 1959'' کے نام سے اس میں کچھ ترمیم ہوئی، تاہم خامیاں ابھی باقی تھیں، پھر 1964، 1969 اور پھر 1995 میں بھی ترمیمات ہوتی رہیں، آخری ترمیم 2010 میں ہوئی، جس کا نام وقف ایکٹ 2010 رکھا گیا؛ لیکن یہ تمام ترمیمات اس کہاوت کی طرح تھیں: ''مرض بڑھتا گیا، جوں جوں دوا کی''۔ یعنی ان میں سے کوئی بھی ایسا ایکٹ نہیں تھا، جو مکمل اوقافی جائداد کے تحفظ کا ضامن ہو اور اس کے صحیح استعمال کی گارنٹی دیتا ہو۔

نیا وقف ایکٹ ترمیمی بل 2024ء

8/ اگست بروز جمعرات کو پارلیامنٹ میں حکمراں پارٹی: بی. جے. پی نے نیا ''وقف ایکٹ ترمیمی بل 2024'' پیش کیا، این. ڈی. اے کی حلیف جماعتوں نے اس کی تائید کی، اپوزیشن نے سخت مخالفت کی؛ بالآخر یہ بل سلیکٹ کمیٹی کے حوالے کر دیا گیا۔ اس بل میں تقریباً 40 ترمیمات کی گئی ہیں، بعض ترمیمات مناسب بھی ہو سکتی ہیں؛ لیکن دوسری بعض ترمیمات وقف کے اسلامی قانون کے سراسر خلاف ہیں، خود ہندستانی آئین کے خلاف ہیں، بلکہ اس ایکٹ کو آپ اوقاف کی مکمل لوٹ کھسوٹ کا ''منظم سرکاری خاکہ'' کہہ سکتے ہیں۔

چنانچہ ان ترامیم (Amendments) کے ذریعہ حکومت وقف کی حیثیت کو بالکل ختم کرنا چاہتی ہے، بچی کچی اوقافی جائدادوں پر قبضہ کرنا چاہتی ہے، اور ان تمام اوقافی جائدادوں سے مسلمانوں کو محروم کرنا چاہتی ہے؛ یہ ایسا ایکٹ ہے، جس کے نفاذ کے بعد سے ہی ہندوستان میں اوقافی جائداد کی آخری سانسیں شروع ہو جائیں گی، اس کے بعد مسلمانوں سے ان کی درگاہیں، ان کے آستانے، عاشور خانے، عیدگاہیں، دینی مدارس؛ حتی کہ مساجد بھی چھین لی جائیں گی۔ اور مسلمانوں کے پاس قانونی چارہ جوئی کا بھی موقع نہیں رہے گا؛ کیوں کہ یہ منظم لوٹ کھسوٹ اور ڈکیتی، قانون کے سہارے ہی ہوگی، اس ایکٹ کے بعد قانون کا استعمال اوقاف کی صیانت کے لیے نہیں؛ بلکہ اس کی بربادی اور ہلاکت کے لیے کیا جائے گا۔

بل کی درج ذیل ترمیمات کے ذریعہ اس بھیانک سازش کو کھلی آنکھوں دیکھا اور محسوس کیا جا سکتا ہے:

واقف کا کم از کم پانچ سالہ قدیم مسلمان ہونا

اس نئے بل میں ایک ترمیم یہ پیش کی گئی ہے کہ وقف کرنے کے لیے ضروری ہے کہ واقف کم از کم پانچ سال سے

مسلمان ہو اور اسلام پر عمل کر رہا ہو، یعنی اگر کوئی نو مسلم (New Muslim) ہے اور اسے اسلام قبول کیے ہوئے، ابھی پانچ سال نہیں گزرے ہیں، تو وہ وقف کرنے کی اہلیت (Ability) نہیں رکھتا، اس کا وقف معتبر نہیں ہوگا، اس نے اگر کوئی زمین وقف کی ہے، تو وقف کے دائرے میں نہیں آئے گی۔

نئے ترمیمی بل کی یہ شرط، شریعت اسلامیہ کے وقف قانون کے بالکل خلاف ہے، یہ براہ راست شریعت پر حملہ ہے، اسلام میں وقف کرنے کے لیے ایسی کوئی شرط نہیں لگائی گئی ہے۔ نیز اس ترمیم کے ذریعہ عین ممکن ہے کہ بہت سی وقف جائدادوں پر حکومت یہ کہہ کر قبضہ کرلے کہ اس کو وقف کرنے والا یا تو مسلمان نہیں تھا، یا اس نے اسلام قبول کرنے کے بعد پانچ سال گزرنے سے پہلے ہی، یہ وقف کردیا تھا۔

وقف بورڈ میں غیر مسلم آفیسر اور ممبر کا تقرر

ایک ترمیم یہ پیش کی گئی ہے کہ مرکزی اور ریاستی دونوں وقف بورڈ میں ایک غیر مسلم چیف ایگزیکیٹو آفیسر (Chief Executive Officer) اور کم از کم دو غیر مسلم ممبران کی تقرری ہوسکتی ہے۔

یعنی وقف، جس کا اسلام میں مکمل قانون اور اس کی طویل تفصیلات موجود ہیں، وقف اور اس کے معاملات، جو اسلامی وقف قانون کے مطابق ہوں گے، اب ان کا آفیسر اور بڑا ذمہ دار ایک غیر مسلم ہوگا، اس کے دو ممبران غیر مسلم ہوں گے، یہ کیسی خلاف عقل (Irrational) بات ہے۔

دوسری طرف دیگر مذاہب کے کسی بھی بورڈ میں، جیسے ہندو انڈومنٹ بورڈس، چار دھام کمیٹی اور سکھ گردوارہ پربھندک کمیٹیوں میں دوسرے مذہب کا ماننے والا نہیں ہوتا، جو بالکل صحیح ہے، ہونا بھی نہیں چاہیے؛ لیکن مسلمانوں کے وقف بورڈ میں غیر مسلم آفیسر کے تقرر کا، کیا تک بنتا ہے؟

اس بل کا ایک عجیب تضاد یہ بھی ہے کہ اس بل کے مطابق وقف کرنے کے لیے کم از کم پانچ سال کا قدیم مسلمان ہونا ضروری ہے؛ لیکن وقف کا آفیسر اور ممبر بننے کے لیے مسلمان ہونا بھی شرط نہیں ہے، یعنی جس میں وقف کرنے کی اہلیت نہیں ہے، وہ بھی وقف کا آفیسر بن سکتا ہے، اس تضاد پر تو یہی کہا جائے گا: جو چاہے تیرا حسن کرشمہ ساز کرے!

جب وقف بورڈ کا چیف ایگزیکیٹو آفیسر ایک غیر مسلم ہوگا، جسے نہ قرآن کا علم، نہ حدیث کا علم، نہ فقہ کا علم، نہ وقف کے اسلامی قوانین کا علم، نہ وقف کی نزاکتوں کی معرفت، تو اندازہ لگائیں کہ ایسے آفیسر کی زیر نگرانی وقف کی تباہ کاری کس سطح (Level) پر ہوگی!

منصوبہ سازوں کی چالاکی کا اندازہ لگائیں کہ جب وقف بورڈ کا بڑا افسر ایک غیر مسلم ہوگا، تو وقف میں جو مختلف نوع کی نوکریاں نکلیں گی، وہ مسلمانوں کو دے گا یا غیر مسلم کو، کیا اس سلسلے میں افسر تعصب سے کام نہیں لے گا؟ اور اس کے تعصب کے نتیجہ میں مسلمانوں کے پاس اپنی ہی جائداد میں جو کچھ نوکریاں مل سکتی تھیں، ان سے وہ بھی ہاتھ دھو بیٹھیں گے!

وقف کی متنازع زمینوں کا فیصلہ ضلع کلکٹر کے سپرد

ایک ترمیم یہ ہے کہ پورے ہندوستان میں وقف کی کسی بھی زمین، چاہے وہ مسجد کی ہو، مدرسہ کی ہو، عیدگاہ کی ہو، یا درگاہوں کی ہو، اگر اختلاف ہو جائے، یعنی کوئی فریق اس کے خلاف عرضی داخل کردے کہ یہ زمین وقف

کی نہیں ہے، تو اب یہ فیصلہ کہ وقف کی زمین ہے یا نہیں ہے، کون کرے گا؟

پہلے اس فیصلہ کا اختیار وقف ٹریبونل کو حاصل تھا؛ جہاں متنازع زمینوں کا فیصلہ ہوتا تھا، جہاں عدالتی طرز پر کاروائی ہوتی تھی، لیکن اس ترمیمی بل میں اس کے اختیارات سلب کر لیے گئے اور اب ضلع کلکٹر اور ضلع مجسٹریٹ (ڈی. ایم) کو یہ اختیار دیا گیا ہے کہ وہ فیصلہ کرے کہ کونسی جائداد وقف کی ہے اور کونسی سرکاری؟ یعنی فیصلہ کا تمام تر اختیار ایک فرد واحد کی رائے پر چھوڑ دیا گیا ہے، اس کا فیصلہ آخری، حتمی اور قانونی ہوگا۔

یہ ترمیم وقف کے لیے انتہائی مہلک اور سب سے خطرناک ہے، اس کے ذریعہ ہی تمام اوقافی جائدادوں پر بآسانی حکومت کا قبضہ ہوسکتا ہے؛ کیوں کہ اگر خدانخواستہ یہ بل پاس ہوتا ہے، تو پھر اوقافی جائدادوں پر اعتراض اور حق کے دعوے کا ایک طویل سلسلہ شروع ہو جائے گا، اس کام کے لیے بھی شر پسند عناصر کی ایک مکمل ٹیم تیار بیٹھی ہے۔ پھر کسی بھی وقف جائداد کے متنازع ہونے کے بعد اس کا فیصلہ ضلع کلکٹر کے پاس جائے گا اور ضلع کلکٹر ہو یا مجسٹریٹ، ان کا تعین بھی حکومت ہی کرتی ہے اور وہ حکومت کی ہدایات کے مطابق ہی کام کرتے ہیں؛ لہٰذا آپ اندازہ لگا سکتے ہیں کہ اختلاف کی صورت میں فیصلہ کس کے حق میں جائے گا؟

بقول شاعر:

اسی کا شہر، وہی مدعی، وہی منصف
ہمیں یقیں تھا، ہمارا قصور نکلے گا

پھر یکے بعد دیگرے تمام اوقافی جائدادوں کو متنازع بنا دیا جائے گا اور ایک ایک کر کے، سب مسلمانوں کے ہاتھ سے نکل جائیں گی اور مسلمان کچھ نہیں کر پائیں گے۔

وقف کی آمدنی کے مصارف

ایک ترمیم یہ کی گئی ہے کہ اوقاف کی آمدنی کو حکومت اپنی زیر نگرانی مسلم بیواؤں اور یتیموں پر خرچ کرے گی۔ یہ ایک نفسیاتی اور ہمدردی کی آڑ میں حملہ ہے۔ جو لوگ مسلمانوں کو ہر اعتبار سے کمزور کرنا چاہتے ہیں، اس ملک میں مسلمانوں کو تمام طرح کے حقوق سے محروم کرنا چاہتے ہیں، تعلیمی، سماجی اور معاشی تمام سطح پر مسلمانوں کی کمر توڑنا چاہتے ہیں، وہ چالاک، عیار، مکار اور شاطر گیدڑ، ہمدردی کا لبادہ اوڑھ کر، کہتے ہیں کہ ہم مسلم بیواؤں اور یتیموں کی مدد کرنا چاہتے ہیں۔ اس سے پہلے بھی متعدد سرکاری مراعات اور سبسڈیاں جو مسلمانوں کو مل رہی تھیں، اسی طرح کی چکنی چپڑی باتوں کا سہارا لے کر ختم کی گئیں۔ اوقاف کے حوالے سے بھی اس کی آمدنی مسلمانوں پر خرچ کرنے کی نیت نہیں ہے؛ بلکہ اس بہانے تمام آمدنی پر قبضہ کرنا اور انہیں ہضم کرنا مقصد ہے۔

دوسری بات یہ ہے کہ اوقاف کی جائداد کی آمدنی کہاں خرچ ہوگی؟ اس کی مکمل تفصیلات "قانون اوقاف اسلامی" میں درج ہیں، جس کا ضابطہ یہ ہے کہ واقف نے جس مقصد سے کسی جائداد کو وقف کیا ہے، اسی مقصد میں اس وقف کی آمدنی کو خرچ کرنا ضروری ہے، دوسرے مقاصد اور مصارف میں وہ آمدنی خرچ نہیں کی جائے گی؛ لہذا حکومت کا یہ شوشہ "قانون اوقاف اسلامی" کے خلاف ہے، جسے کسی قیمت پر قبول نہیں کیا جا سکتا۔ اسی طرح موجودہ ترمیم وقف ایکٹ 1995 کے بھی خلاف ہے، جس میں درج ہے کہ وقف کی آمدنی اسلامی قانون کے مطابق خرچ کی جائے گی۔

شریعت اور آئین سے متصادم دیگر ترمیمات

اسی طرح یہ بل آئین کے آرٹیکل 14، 15، 25، 30 کے اصولوں کے خلاف ہے، جن میں مذہبی آزادی اور اپنے مذہبی ادارے سنبھالنے کا اختیار ہے۔ لہذا اس بل سے مسلمانوں کی مذہبی آزادی سلب ہوتی ہے، جو دستور ہند کے خلاف ہے۔

اس بل میں یہ بھی کہا گیا ہے کہ زبانی وقف کا اعتبار نہیں ہوگا، اس کے لیے دستاویزات ہونا ضروری ہے، جبکہ شریعت میں ایسی کوئی قید نہیں ہے، نیز 1995 وقف ایکٹ میں زبانی وقف کو معتبر مانا گیا۔ اس بل میں وقف علی الاولاد کو قانونی حیثیت دینے سے انکار کیا گیا ہے، یعنی اگر کوئی شخص اپنی تمام جائداد اپنی اولاد پر وقف کرنا چاہے تو اس کا اختیار اسے نہیں ہوگا۔ جبکہ ہندو اینڈومنٹ بورڈس میں ایسی کوئی پابندی نہیں ہے۔ نیز یہ اسلام کے قانون وقف کے بھی خلاف ہے۔

خلاصہ یہ کہ حکومت کا مقصد اس بل کے ذریعہ وقف کی حیثیت کو ختم کرنا، اوقاف کی آمدنی اور پھر جائدادوں پر قبضہ کرنا ہے، اور اوقافی املاک سے مسلمانوں کو محروم کر کے، معاشی طور پر انہیں مزید کمزور کرنا ہے۔ اس بل کے بعد اوقاف کے تنازع اور کلکٹر کی من مانی کا ایک طویل سلسلہ شروع ہوگا اور پھر ایک ایک کر کے تمام اوقافی جائدادوں کی وقف حیثیت کالعدم کر دی جائے گی؛ حتی کہ دینی مدارس، مساجد اور عیدگاہیں بھی مسلمانوں سے چھین لی جائیں گی؛ لہذا کسی بھی حال میں اس ترمیمی بل کو قبول نہیں کیا جاسکتا۔

☆☆☆

ڈاکٹر محمداعظم ندوی۔استاذ المعہد العالی الاسلامی، حیدرآباد

ایک خوف ناک 'حسینہ' کا عبرت ناک انجام

''یہ طلباء نہیں دہشت گرد ہیں، ہم انہیں کچل کر رکھ دیں گے''، 76 سالہ شیخ حسینہ واجد کا یہ رعونت بھرا جملہ خود ان کو خس وخاشاک کی طرح بہالے گیا، اور بالآخران کو اپنی کرسی چھوڑنی پڑی، وہ غم وغصہ سے بھرے ہوئے عوام کے فلک شگاف نعروں کے درمیان اپنے سارے خوابوں کو دفنا کر فرار ہونے میں کامیاب ہوئیں، بنگلہ دیشی عوام نے ان کی تقریباً دو دہائیوں کو محیط حکمرانی کو لوہے اور آگ کا راج قرار دیا، بنگلہ دیش کی اس ڈکٹیٹر خاتون کا دور اقتدار اپنے آخری لمحات میں ایک عجیب وغریب موڑ پر پہنچ گیا، جہاں ہر طرف شعلے بھڑک رہے تھے، اور قریب تھا کہ یہ ضدی عورت اس کا ایندھن بن جائے، طلباء اور نوجوانوں کے مظاہرے ایسے مرحلہ میں پہنچ چکے تھے جہاں سے اب وہ خود بھی چاہتے تو واپس نہیں آسکتے تھے، حسینہ کا مقابلہ مظاہرین اپنے برہنہ سینوں سے کر رہے تھے، ان کے عزم بلند کے سامنے تمام تر حفاظتی دستے ناکام تھے، آگ بگولہ عوام کے بھڑکتے ہوئے غصہ کے سامنے پولس اور فوج کا قہر دم توڑ گیا، اور اپنی عمر عزیز بلکہ حیات رائیگاں کی 76 بہاروں سے لطف اندوز ہو چکی شیخ حسینہ کے اقتدار کی فولادی دیواریں پاش پاش ہوگئیں، سچ ہے:

اولوالعزمان دانش مند جب کرنے پہ آتے ہیں
سمندر پاٹتے ہیں، کوہ سے دریا بہاتے ہیں

حسینہ کا اقتدار 1996 سے اب تک پانچ مرتبہ کی حکمرانی پر مشتمل تھا، آج حسینہ کے ظالمانہ اور سفاکانہ دورِ حکومت کا خاتمہ ہوگیا، اس میں کوئی شک نہیں کہ ان کا انداز آمرانہ authoritarian ہو چکا تھا، پھر یوں ہوا کہ اسلام پسندوں کو ناحق تختہ دار پر لٹکانے والی ڈکٹیٹر کا بخت بگڑا اور تخت کھسک گیا، جب کہ ابھی سات ماہ بھی نہیں ہوئے جب انہوں نے اپنی چوتھی مسلسل اور مجموعی طور پر پانچویں میعاد کا جشن منایا تھا، یہ جشن جنوری میں ہونے والے انتخابات کے بعد منایا گیا تھا، جس میں حسینہ نے بغیر کسی حقیقی مخالف کے خود سے ہی مقابلہ کیا اور جیت حاصل کی تھی، تاہم ان کی حکومت کا آخری مہینہ مختلف تھا؛ کیوں کہ طلباء کے زیر قیادت عوامی ناراضگی اور سول نافرمانی ان کی حکومت کے تابوت میں آخری کیل ثابت ہوئی، ان کی حکومت غصہ سے بھرے احتجاجیوں کے قدموں تلے جھول رہی تھی، ایک ماہ پانچ دن سے جاری خاک وخون میں لت پت ان مظاہروں اور احتجاجات کے نتیجہ میں بنگالی فوج نے اعلان کیا کہ شیخ حسینہ نے وزارت عظمی کے عہدہ سے استعفی دے دیا ہے، یہ دراصل ایک فوجی بغاوت کا مہذب اظہار تھا، شیخ حسینہ نے اس کا تلخ ذائقہ پہلی بار تب چکھا تھا جب وہ بیس سال کی جوان رعنا تھیں، اور ان کے والد شیخ مجیب الرحمن کو قتل کر دیا گیا تھا، یہ واقعہ پاکستان سے علاحدگی اور بنگلہ دیش کے اولین صدر کی حیثیت سے ان کے تقرر کے بعد پیش آیا تھا، اس وقت شیخ مجیب الرحمن نے لاکھوں افراد کو پاکستان کے ساتھ تعاون اور جنگی جرائم کے الزامات میں عدالتوں میں پیش کیا تھا۔

نوجوان حسینہ اس ہلاکت خیزی سے بچ گئی تھیں جس نے ان کے خاندان کے بے شمار افراد کو ان سے چھین لیا تھا؛ کیوں کہ وہ اور ان کی بہن ریحانہ ایک یورپی ملک کے دورہ پر تھیں، بعد میں انہوں نے ایک مضبوط سیاسی اور عوامی تحریک

کا راستہ اختیار کیا، جس نے وقت کے ساتھ انہیں ان کے والد مجیب الرحمٰن کی قائم کردہ عوامی لیگ پارٹی کی صدارت تک پہنچا دیا، وقت کے ساتھ، وہ خالدہ ضیاء کے بعد بنگلہ دیش کی دوسری خاتون حکمراں بن گئیں، حسینہ اور خالدہ دونوں پر بدعنوانی اور تشدد کے الزامات تھے، اور دونوں کا تعلق حکمراں خاندان سے تھا، حسینہ اپنے والد بنگ بندھو (بابائے بنگلہ دیش) کے نقش قدم پر چل رہی تھیں، جب کہ خالدہ 1981 میں ایک فوجی بغاوت میں قتل ہونے والیاپنے شوہر جنرل ضیاء الرحمٰن کے نقش قدم پر تھیں، خالدہ ضیاء نے بنگلہ دیش نیشنلسٹ پارٹی کی صدارت سنبھالی اور ایک سیاسی سفر کا آغاز کیا، جس میں مقدمے اور نظر بندیاں شامل تھیں، اس سفر کا اختتام 1991 میں وزیر اعظم بننے اور 1996 میں مستعفی ہونے پر ہوا، ان کا سیاسی سفر بدعنوانی کے الزام میں قید وبند کے لامتناہی سلسلوں اور مختلف پیچیدہ بیماریوں پر ختم ہوا، اس کے باوجود حسینہ نے انہیں 2023 سے اپنے ناکارہ جگر کی پیوندکاری کے لیے ملک چھوڑنے کی اجازت نہیں دی۔

بھارت نے محترمہ حسینہ کو سلامتی کی ضمانت دی، اور انہوں نے فوجی طیارہ میں سوار ہو کر ایک بھارتی ہوائی اڈہ پر لینڈ کیا، جس طرح جغرافیائی طور پر بھارت تقریباً ہر سمت سے اپنے پڑوسی بنگلہ دیش کو گھیرے ہوئے ہے، اسی طرح حسینہ کے خاندان کے ساتھ بھارت کے سیاسی تعلقات بھی تاریخی اور بہت خاص ہیں، یہ تعلقات بنگلہ دیش کے قیام کے وقت سے ہیں، جب بھارت نے اسے مضبوط حمایت فراہم کی اور مجیب الرحمٰن کو اقتدار سنبھالنے اور پاکستان کے خلاف پہلے سیکولر نظام کی بنیاد رکھنے میں مدد دی، اور آج تک بھارت حسینہ کی تمام تر ظالمانہ کاروائیوں میں ان کی پیٹھ تھپتھپاتا رہا تھا، حسینہ اپنے نئے مستقر بھارت میں ہیں، لیکن انہوں نے اپنے پیچھے ایک ایسا ملک چھوڑا ہے جو ان کی پالیسیوں کی وجہ سے شعلہ زن تھا، تازہ مظاہروں میں 500 سے زائد مظاہرین اور متعدد پولیس اہل کاروں کی موت کے بعد کامیابی ملی، یکم جولائی کو شروع ہونے والے یہ احتجاجات، 3 اگست کو ایک نئے مرحلہ میں داخل ہو گئے جب طلباء نیسول نافرمانی کا اعلان کیا، آتش زنی اور توڑ پھوڑ arson and vandalism کا بازار گرم ہو گیا، شیخ مجیب کے مجسمہ پر ہتھوڑے برسائے گئے اور اس کو منہدم کر دیا گیا، یہ ملک گیر احتجاج ایک عوامی بغاوت میں تبدیل ہو گیا اور حسینہ کو طلباء کی سب سے بڑی مخالف adversary قرار دیا گیا، اور بھارتی شکل وشباہت والی سیاہ وسفید بالوں کی مالک ایک بوڑھی حسینہ کو اقتدار سے بے دخل کرنے کا مطالبہ تیز تر ہو گیا، تا آں کہ حسینہ کو ان کو کرسی سے اتار پھینکا گیا، عوام وزیر اعظم کی سرکاری رہائش گاہ میں داخل ہو گئے اور مال غنیمت کی طرح وہاں کا ایک ایک سامان اٹھائے کچھ رکشوں سے کچھ پیدل خراماں خراماں اپنے گھروں کو روانہ ہوئے، یہ ایک جشن کا سماں تھا، دنیا بھر میں لوگوں نے بنگلہ دیش کے قومی ترانہ ''امر شونار بنگلہ، آمی تومائے بھالو باشی'' (میرا سونے جیسا بنگال، میں تم سے پیار کرتا ہوں) کو از سر نو سنا، اور ''دیش تمہار باپ نا کے'' (ملک تمہارے باپ کا نہیں) جیسی انقلابی نظموں سے لطف اندوز ہوئے، کہیں کہیں فیض احمد فیض کی نظم "ہم دیکھیں گے" کی گونج سی اے اے این آر سی مخالف احتجاجات کی یاد دلا کر دل میں ایک ہوک جگا گئی۔

یہ منظر نامہ ملک کے معاشی اور سیاسی اتار چڑھاؤ کی

عکاسی کرتا ہے، خاص طور پر جب بے روزگاری 18 ملین نوجوانوں سے تجاوز کر گئی، حسینہ کی مقبولیت، جو گزشتہ برسوں میں ان کی اقتصادی پالیسیوں کی وجہ سے آسمان چھو رہی تھی، دھڑام سے گر گئی، سے متجاوز آبادی والے اس ملک کی ایک طاقتور حکومت کوجہاں کی جی ڈی پی کی شرح فیصد تک بڑھ گئی تھی، شیخ مجیب الرحمٰن کا قائم کردہ 30 فیصد کوٹہ کا جابرانہ نظام لے ڈوبا، اس نظام کا مقصد پاکستان سے علاحدگی کی جنگ میں لڑنے والے مجاہدین کے خاندانوں کو سرکاری ملازمتوں میں نمایاں حصہ دینا تھا، مظاہرین کا کہنا ہے کہ 56 فیصد سرکاری ملازمتیں اس نظام کے تحت مختلف زمروں میں تقسیم ہوتی ہیں، جن میں 30 فیصد جنگِ آزادی کے مجاہدین کے خاندانوں، 10 فیصد خواتین، 10 فیصد پسماندہ علاقوں کے افراد 5 فیصد مقامی آبادی اور 1 فیصد معذور افراد کے لیے مختص ہیں، ان کا ماننا ہے کہ یہ نظام ان گروہوں کے بچوں کو فائدہ پہنچاتا ہے جو وزیر اعظم شیخ حسینہ کی حمایت کرتے ہیں، اور اس سے بڑے پیمانہ پر اہلیت رکھنے والے طلباء کی حق تلفی ہوتی ہے۔

شیخ حسینہ واجد حکومت کے آخری سالوں میں حکومت مخالف آوازوں کو دبانے کے لیے زور بازو کی حکمت عملی strong- arm tactics استعمال کی گئی، فوج اور پولیس کو کھلی چھوٹ دی گئی تھی، اور عدلیہ کو موت، عمر قید، اور طویل المیعاد قید و بند کی سزائیں سنانے کی بے لگام اتھارٹی حاصل ہوگئی تھی، چنانچہ ابھی بڑی تعداد میں قیدی اپنی زندگیاں جیل کی تاریکیوں میں گزار رہے ہیں، حالیہ احتجاجات کی وجہ سے گرفتار شدگان کی تعداد تقریباً 10 ہزار تک پہنچ چکی ہے، اور مظاہرین کی ہلاکتوں میں بے انتہا اضافہ ہوا ہے، یونیسف کے مطابق، ان میں سے تقریباً 36 بچے بھی شامل ہیں جو یا تو مظاہروں میں یا اپنے گھروں میں گولیوں کا نشانہ بنے، ایمنسٹی انٹرنیشنل کے اعداد و شمار کے مطابق، بنگلہ دیش میں 2013 میں ایک ہزار سے زائد افراد کو سزائے موت دی گئی، جب کہ 2023 تک، سزائے موت کا انتظار کرنے والوں کی تعداد 2400 سے تجاوز کر چکی تھی، جنھیں پھانسی یا گولیوں کا سامنا تھا، صحافیوں اور بلاگرز کو بھی سخت سزاؤں کا سامنا کرنا پڑا، جن کی آرا یا تحریریں حکومت کی تنقید پر مبنی تھیں، خاص طور پر، بنگلہ دیش میں جماعت اسلامی کے قائدین کو شیخ حسینہ کے دورِ حکومت میں بڑے پیمانہ پر سزائے موت کا سامنا کرنا پڑا، جن میں کچھ نمایاں نام درج ذیل ہیں:

عبدالقادر ملا: ایک اہم سیاسی رہنما اور جماعت اسلامی کے پہلے قائد تھے جن کو پاکستان سے علاحدگی کی جنگ کے دوران قتل کے جرائم میں ملوث ہونے کے الزامات کے تحت سزائے موت دی گئی، عبدالقادر ملا کو 12 دسمبر 2013 کو دارالحکومت ڈھاکہ کے مرکزی جیل میں پھانسی دی گئی، فروری 2013 میں ان پر سزائے موت کا حکم صادر کیا گیا تھا۔

علی احسان محمد مجاہد: سابق وزیر اور جماعت اسلامی کے جنرل سکریٹری، جن کو 21 نومبر 2015 کو ہندو دانشوروں کو سزا دینے اور ان کو قتل کرنے کے الزامات میں پھانسی دی گئی، اسی دن بنگلہ دیش نیشنل پارٹی سے رکن پارلیمان صلاح الدین قادر چودھری کو بھی پھانسی دی گئی۔

محمد قمر الزماں: جماعت اسلامی کے ایک اور رہنما، جن کو 11 اپریل 2015 کو دارالحکومت ڈھاکہ کے مرکزی جیل میں پھانسی دی گئی، ان پر پاکستان سے علاحدگی کی جنگ میں شرکت اور درجنوں افراد کی ہلاکت کا الزام تھا۔

مطیع الرحمٰن نظامی: اس بزرگ رہنما کو 10 مئی 2016 کو پھانسی دی گئی، ان پر 1971 کی جنگِ آزادی کے دوران نسل کشی اور پاکستانی فوج کے ساتھ تعاون کے الزامات تھے، مقامی اور بین الاقوامی اپیلوں کے باوجود حکومت نے ان کی پھانسی کے فیصلہ پر عمل درآمد کیا۔

میر قاسم علی: انہیں بھی 1971 کی جنگِ آزادی کے دوران جنگی جرائم، بشمول آزادی کے متوالوں کے قتل اور اور ان کو سزا دینے کے الزامات کے تحت مجرم قرار دیا گیا، میر قاسم علی کو 3 ستمبر 2016 کو دارالحکومت ڈھاکہ کے قریب ایک اعلیٰ سطحی سیکیورٹی والی جیل میں پھانسی دی گئی۔

غلام اعظم: جماعت اسلامی بنگلہ دیش کے امیر، جنہیں 1971 کی جنگِ آزادی کے دوران جنگی جرائم کے الزامات کے تحت سزا دی گئی، غلام اعظم 23 اکتوبر 2014 کو، 89 سال کی عمر میں اپنے قید خانہ میں انتقال کر گئے، انہیں 90 سال قید کی سزا سنائی گئی تھی، جس میں سے انہوں نے دو سال جیل میں گزارے۔

ابوالکلام محمد یوسف: بنگلہ دیش کے سب سے بڑے علماء میں سے ایک، جنہیں "ممتاز المحدثین" کا لقب حاصل تھا، یہ اس ملک میں حدیث کی خدمات کے لیے سب سے بڑا لقب ہے، وہ جماعت اسلامی کے سابق جنرل سکریٹری اور مولانا سید ابوالاعلیٰ مودودی کے رفیق تھے، 9 فروری 2014 کو، وہ جیل میں متعدد بیماریوں کی شدت کے باعث وفات پا گئے۔

ان بڑے ناموں کے علاوہ، حسینہ کے دورِ حکومت میں کئی دیگر اسلام پسند دانشوروں، نوجوانوں، اور کارکنوں کو بھی پھانسیاں دی گئیں، جن لوگوں کو پھانسی دی گئی، ان کی جائیدادیں بھی ضبط کر لی گئیں، حسینہ، خالدہ ضیاء کے بعد، بنگالی عوام کے ماضی کا حصہ بن گئیں، ہر آمر کے لیے اس میں ایک عبرت ہے اور یہ پیغام کہ:

سب تاج اچھالے جائیں گے
سب تخت گرائے جائیں گے
بس نام رہے گا اللہ کا

امانت علی قاسمی۔ استاذ و مفتی دارالعلوم وقف دیوبند

اسلام میں وقف کی اہمیت اور وقف ترمیمی بل ۲۰۲۴ء

وقف ایک عبادت ہے جس کا مقصد اللہ تعالی کی رضا حاصل کرنا اور خلق خدا سے محبت کا اظہار کرنا ہے، جب کوئی شخص زمین وقف کرتا ہے تو واقف کی ملکیت ختم ہو جاتی ہے اور اس زمین پر اللہ تعالی کی ملکیت قائم ہو جاتی ہے؛ اسی وجہ سے حضرات فقہاء کرام لکھتے ہیں کہ وقف کے مکمل ہو جانے کے بعد وقف کرنے والے کی ملکیت اس زمین سے ختم ہو جاتی ہے، اب اس زمین پر واقف کا بھی اختیار نہیں ہوتا ہے اس زمین پر وراثت قائم نہیں ہوتی، اس زمین کو واقف نہ عاریت پر دے سکتا ہے نہ رہن پر دے سکتا ہے، واقف کے انتقال کر جانے کے بعد واقف کے ورثہ کا اس زمین پر کوئی اختیار نہیں ہوتا ہے۔ اسی طرح وقف کرنے کی کچھ شرطیں بھی ہیں اس میں ایک شرط یہ ہے کہ واقف اس چیز کا مالک ہو، واقف نے اپنے اختیار اور رضامندی سے وقف کیا ہو، وہ شئی مملوکہ ہو، واقف نے اس کو اپنی ملکیت سے علاحدہ کر دیا ہو۔ اگر وقف کی گئی چیز زمین ہے تو اس کے ساتھ کسی کا کوئی حق متعلق نہ ہو۔

وقف کے فوائد

وقف کے مختلف فائدے ہیں: وقف کا ایک فائدہ تو اللہ تعالی کی رضا و خوشنودی ہے، واقف کو اس وقف کی وجہ سے ہمیشہ ثواب ملتا ہے، مدارس، مساجد، قبرستان، خانقاہوں کا قیام اس کے ذریعہ عمل میں آتا ہے، اور ان چیزوں سے جو بھی نیکی انجام دی جاتی ہے اس کا ثواب وقف کرنے والے کو بھی ملتا ہے، اسلام کا اجتماعی سماجی و معاشی نظام اس کے ذریعہ قائم ہوتا ہے، غریبوں کی مدد ہوتی ہے، یتیموں کی کفالت ہوتی ہے، عوامی فلاح و بہبود کے کام انجام دئے جاتے ہیں۔ وقف صرف غریبوں کے لیے نہیں ہوتا؛ بلکہ اس سے عام لوگ بلکہ مالدار بھی فائدہ اٹھا سکتے ہیں مثلا: کوئی وقف مسافر خانہ کے لیے ہے تو کوئی بھی مسافر اس میں قیام کر سکتا ہے، اسکول و کالج کے لیے وقف ہے تو کوئی بھی وہاں سے تعلیم حاصل کر سکتا ہے۔ وقف کا ایک اہم فائدہ یہ ہے کہ اگر وقف کا صحیح استعمال کیا جائے تو ملک کا اقتصادی ڈھانچہ مستحکم ہو سکتا ہے، مسلمانوں میں غربت کے خاتمے کے لیے مؤثر کردار ادا کیا جا سکتا ہے، مسلمانوں کو تعلیمی پسماندگی سے نکال کر تعلیم کے قومی دھارے میں لا کھڑا کیا جا سکتا ہے۔ وقف کی بنیادی طور پر دو قسمیں کی جاتی ہیں: وقف عام جسے عمومی فلاح و بہبود کے لیے وقف کیا جاتا ہے جیسے مساجد، سڑکوں، تعلیمی اداروں کے لیے وقف کرنا اور دوسری قسم، وقف خاص جو مخصوص خاندان، اولاد یا کسی مخصوص شخص پر وقف کیا جاتا ہے۔

وقف کے فضائل

وقف کو اسلام کی خصوصیات میں شمار کیا جاتا ہے، امام شافعیؒ کا قول ہے کہ اسلام سے پہلے وقف کا نظام نہیں تھا اسلام میں اس نظام کا آغاز ہوا قرآن کریم میں جب یہ آیت نازل ہوئی: **لن تنالوا البر حتی تنفقوا مما تحبون** (آل عمران:۹۲) کہ تم اس وقت تک خیر یعنی نیکی حاصل نہیں

کر سکتے جب تک کہ اپنی سب سے محبوب چیز راہ خدا میں خرچ نہ کردو تو حضرت ابوطلحہ حضور کے پاس آئے اور فرمایا کہ مجھے بیر حا باغ (جو کہ مدینہ میں مسجد نبوی کے قریب بہت قیمتی زمین تھی) مجھے بہت پسند ہے میں اسے راہ خدا میں صرف کرتا ہوں؛ چناں چہ حضورﷺ کے مشورہ سے انہوں نے وہ زمین اپنے رشتہ داروں میں تقسیم کردی، حضرت عبداللہ بن عمر رضی اللہ عنہ نے فرمایا: یارسول اللہ! مجھے خیبر میں جو حصہ مال غنیمت کے طور پر ملا ہے وہ سب سے زیادہ پسند ہے اس کے بارے میں آپ کا کیا مشورہ ہے حضورﷺ نے فرمایا کہ اصل کو روک کر پھل کو راہ خدا میں صرف کردو یعنی وقف کردو تا کہ زمین باقی رہے اور اس کا پھل غریبوں کے لیے وقف ہوجائے۔ (تفسیر ابن کثیر ۲/۳۶) حضرت ابو ہریرہ کی روایت ہے حضورﷺ نے فرمایا: مومن کو اس کے مرنے کے بعد اس کی جن نیکیوں کا ثواب ملتا ہے اس میں وہ "علم" ہے جو اس نے دوسروں کو سکھایا اور اس کو پھیلایا یا نیک اولاد ہے یا قرآن کا کسی کو وارث بنایا، یا مسجد بنایا یا مسافر خانہ بنایا یا نہر بنادی، یا وہ صدقہ جس کو اس نے اپنی زندگی اور صحت کے زمانہ میں نکالا ان چیزوں کا ثواب اس کو مرنے کے بعد بھی ملتا ہے۔ (سنن ابن ماجہ، ۲۴۲) حضرت سعد بن عبادہ نے حضورﷺ سے فرمایا کہ یارسول اللہ میری والدہ کا انتقال ہوگیا ہے ان کی طرف سے کون سا صدقہ کرنا زیادہ بہتر ہے تو حضورﷺ نے فرمایا پانی صدقہ کرو! چناں انہوں نے اپنی والدہ کی طرف سے کنواں کھدوایا اور اسے وقف کردیا۔ (سنن ابی داؤد) آپﷺ کے زمانہ میں بیر رومہ کا پانی میٹھا تھا لیکن بغیر قیمت کے کوئی اس سے پانی نہیں پی سکتا تھا، حضرت عثمان نے بیر رومہ کا کنواں خرید کر وقف کردیا (سنن ترمذی) حضرت جابر کہتے ہیں میرے علم میں مہاجرین و انصار میں سے کوئی نہیں تھا جن کے کوئی چیز ہو اور انہوں نے اس کو وقف نہ کیا ہو (الموسوعۃ الفقہیہ الکویتیۃ، ۴۴/۱۱۱) یعنی حضرات صحابہ کے درمیان جائداد کا وقف کرنا ایک عام بات تھی، ہر کوئی اپنی استطاعت کے بقدر جائداد یا دیگر چیزوں کو وقف کرتا تھا اس لیے اوقاف کے ذریعہ مسلم سماج سے غربت کا خاتمہ ہوسکتا ہے، کمزور لوگوں کی دائمی طور پر مدد ہوسکتی ہے، اور وقف کرنے والے کو ہمیشہ ہمیش کے لیے ثواب ملتا رہتا ہے۔

ہندوستان میں اوقاف کی تاریخ

ہندوستان میں مسلمانوں نے قریب ایک ہزار سال تک حکومت کی اس دوران مسلم بادشاہوں نے بہت سی مسجدیں اور مزارات بنوائے، اور ان پر جائدادیں وقف کیں تا کہ اس کا ہمیشہ نظام جاری رہ سکے کہا جاتا ہے سب سے پہلے فیروز شاہ تغلق کے دور حکومت میں ہندوستان میں وقف کا نظام منظم ہوا اس کے بعد شیر شاہ سوری اور عالمگیر اورنگزیب نے مختلف جائدیں وقف کیں، اس کے علاوہ وقف کی اسی اہمیت اور ثواب جاریہ کے پیش نظر ہمیشہ مسلمان اپنی قیمتی جائدادوں کو وقف کرتے رہے، ہندوستان کے مختلف صوبوں میں نوابوں نے مدارس قائم کئے اور اس کے نظم کو چلانے کے لیے جائدادیں وقف کیں تا کہ اس کے ذریعہ مدارس کا نظام سہولت سے جاری رہ سکے انگریز عہد حکومت میں مدارس کو بند کردیا گیا اور وقف کی جائداوں کا بے دریغ غلط استعمال ہوا، بہت سی جائداوں کو انگریزوں نے اپنے قبضہ میں لے لیا پھر جب مسلمانوں نے احتجاج کیا تو آئندہ کے لیے وقف ایکٹ ۱۹۲۳ء بنایا گیا پھر ملک کی آزادی کے ۱۹۵۴ء میں وقف ایکٹ بنایا گیا اور مختلف مواقع پر اس میں ترمیم کی گئی، اس قانون کا مقصد وقف جائداد کو تحفظ فراہم کرنا اور اس کے غلط استعمال کو روکنا تھا لیکن افسوس کہ ان تمام تر قانون کے بعد بھی وقف کا تحفظ نہیں ہوسکا پھر ۱۹۸۴ء

میں نیا وقف قانون آیا،لیکن اس میں بھی مسلمانوں کے مطالبات کو نظر انداز کیا گیا پھر ۱۹۹۵ء میں اور دوبارہ ۲۰۱۰ء اور ۲۰۱۳ء میں وقف میں ترمیم کی گئی آخری وقف ایکٹ میں کسی حد تک مسلمانوں کے مطالبات کو سنا گیا تھا اور کچھ امید تھی کہ اگر اس قانون پر ایمان داری سے عمل ہوتا تو اوقاف کا بہتر استعمال ہوسکتا تھا لیکن ایسا نہیں ہوا اور اب ۲۰۲۴ء میں حکومت نیا ترمیمی بل لے کر آئی ہے۔اس وقت ہندوستان میں سچر کمیٹی کی رپورٹ کے مطابق ۹ لاکھ ایکڑ سے زائد زمینیں اوقاف کی ہیں، ہندوستان میں فوج اور ریلوے کے بعد سب سے زیادہ زمینیں اوقاف کے پاس ہیں۔اسی وجہ سے جن لوگوں کو مسلمانوں کا وجود ایک آنکھ نہیں بھاتا ان کو مسلمانوں کی اوقاف سے بھی تکلیف ہے اور وہ کسی قیمت ان جائداوں کا ناجائز قبضہ چاہتے ہیں۔

نئے بل میں کیا ہے؟

اس نئے بل میں تقریباً چالیس ترامیم کی گئی ہیں، ہمیشہ کی طرح حکومت نے مسلمانوں کو یہ جھانسہ دیا ہے کہ یہ قانون مسلمانوں کے مفاد کے لیے لایا گیا،اس بل سے خواتین، بچوں اور کمزور مسلمانوں کو فائدہ ہوگا لیکن اس بل کی سب سے بڑی خرابی یہ ہے کہ وقف مسلمانوں کا مذہبی عمل ہے اور اس کے احکامات فقہ کی کتابوں میں مذکور ہیں اس کے خلاف کرنا درست نہیں ہے لیکن حکومت نے اس ترمیمی بل کا خاکہ بناتے وقت کسی بھی مسلم تنظیموں یا علماء کرام سے مشورہ نہیں کیا ہے۔

اس بل کا اگر ہم جائزہ لیں تو صاف معلوم ہوتا ہے کہ حکومت کی نیت درست نہیں ہے۔اس ترمیم میں ایک بڑی تبدیلی یہ کی گئی ہے کہ اب نئے وقف کونسل میں چاہے مرکزی وقف بورڈ ہو یا صوبائی وقف بورڈ اس کے ارکان میں غیر مسلم بھی شامل ہوں گے بلکہ وقف بورڈ کا چیف ایگزیکیٹیو غیر مسلم بن سکتا ہے، اسی طرح وقف کا سی ای او غیر مسلم بن سکتا ہے سوال یہ ہے کہ جب گرودوارہ کمیٹی میں کوئی مسلمان نہیں ہوتا ہے اور ہندوؤں کی جو مندر وغیرہ کی کمیٹی ہوتی ہے اس میں کوئی مسلمان ممبر نہیں ہوتا ہے یوپی کیرالہ، کرناٹک، تمل ناڈو میں ایسے قوانین ہیں کہ ہندو مذہبی املاک کے معاملات میں ہندو ہی اس کا ممبر ہوگا تو پھر وقف بورڈ میں کوئی ہندو کیوں کر ممبر ہوگا اور ممبر ہی اس کے مرکزی عہدوں پر ہندو کیوں کر فائز ہوسکتا ہے، کیا یہ مسلمانوں کی املاک کو غیر مسلموں کو دینے جیسا نہیں ہے، جب قانون کے اعتبار سے غیر مسلم وقف نہیں کرسکتا ہے تو وقف کا ممبر کیوں کر ہوسکتا ہے؟ یہ شق خود حکومت کے منشاء پر سوال کھڑے کرتا ہے کہ اس کے ذریعہ وقف کی حیثیت کو تبدیل کرنا اور اس کا غلط استعمال کرنا ہے۔جب اس کے مرکزی کمیٹی میں غیر مسلم ہوں گے تو نیچے بہت سے عہدوں پر بھی یقیناً بہت سے غیر مسلم ہوں گے اس طرح وقف بورڈ کے ذریعہ اگر چند مسلمانوں کو ملازمت مل جاتی ہے وہ بھی خطرے میں پڑسکتی ہے۔

اس نئی ترمیم میں یہ بھی ہے کہ اوقاف کی جائداوں کو کس طرح استعمال کیا جائے گا اس کا حکومت تعیین کرے گی، ظاہر ہے کہ یہ قانون وقف کے اصول کے خلاف ہے اس لیے کہ، فقہ کی کتابوں میں مستقل وقف کا ایک باب ہوتا ہے، جس میں وقف کے احکام کو تفصیل سے بیان کیا جاتا ہے، مسجد کے وقف کے احکام الگ ہیں، مدارس کے وقف کے احکام الگ ہیں، دیگر اوقاف کے احکام الگ ہیں، فقہ کی کتابوں میں ایک مسئلہ صراحت کے ساتھ لکھا ہوا کہ واقف کی شرط شریعت کی نص کے درجہ میں ہے یعنی اگر واقف نے وقف کرتے وقت اس وقف کا مصرف طے کر دیا ہے تو جس طرح شریعت کی صراحت پر عمل کرنا ضروری ہے اسی طرح واقف کی شرط پر عمل کرنا ضروری ہوگا حتی کہ اگر واقف نے

مدرسہ کے نام پر وقف کیا ہے تو اس کو مسجد میں استعمال کرنا یا قبرستان کے نام پر وقف کیا ہے اس کو مدرسہ میں استعمال کرنا شرعی طور پر درست نہیں ہے جب کہ اس قانون سے حکومت وقف کو جہاں چاہے گی استعمال کر سکتی ہے اس کا دو بڑا نقصان ہوگا ایک تو یہ کہ وقف کی جائدادیں مسلمانوں کے ہاتھوں سے نکل جائیں گی اور دوسرا بڑا نقصان یہ ہوگا کہ آئندہ کے لیے مسلمان وقف کرنے سے رک جائیں گے اور بہت بڑے خیر اور ثواب سے محروم ہو جائیں گے۔

نئے قانون میں یہ بھی ہے کہ جو شخص اسلام پر پانچ سال سے زندگی گزار رہا ہے وہی وقف کر سکتا ہے جس کے اسلام میں داخل ہوئے ابھی پانچ سال نہیں ہوئے ہیں اس کا وقف قابل قبول نہیں ہوگا ظاہر ہے کہ یہ بھی اسلامی شریعت کے اصول وقف کے خلاف ہے اسلام میں تو غیر مسلم کا بھی وقف کرنا درست ہے جب کہ یہاں پر مسلمان ہونے کے بعد بھی اس کا وقف درست نہیں ہے یہ ایک مسلمان کو ایک عبادت کی ادائیگی سے روکنے کے مترادف ہے اور مسلمان کو کسی عبادت کے انجام دہی سے روکنا خود دستور ہند سے دئے گئے بنیادی حقوق کے خلاف ہے۔ دستور کی دفعہ ۲۵ میں ہے کہ ہر شخص کو آزادی سے مذہب قبول کرنے اس پر عمل کرنے اور اس کی تبلیغ کرنے کی اجازت ہے اسی طرح دفعہ ۲۶ میں ہے کہ ہر شخص کو اپنے مذہبی اور خیراتی اغراض کے ادارہ قائم کرنے اور از خود اس کا انتظام چلانے کا اختیار ہے۔ (بھارت کا آئین، ص ۵۴)

اس نئی ترمیمی بل میں ایک شق یہ بھی ہے کہ جو اوقاف کی جائدادیں باضابطہ طور پر واقف کی طرف سے رجسٹرڈ نہیں ہیں بلکہ اسے صرف وقف کے طور پر استعمال کیا جاتا ہے اسے وقف تسلیم نہیں کیا جائے گا وقف کے درست ہونے کے لیے رجسٹرڈ ہونا لازم ہوگا یہ قانون بھی اسلام کے اصول وقف کے خلاف ہے اس لیے کہ حضرات فقہاء نے زبانی طور پر وقف کو درست قرار دیا ہے۔ اس قانون کی بنیاد پر بہت سی جائدادیں وقف ہونے سے نکل جائیں گی اور حکومت ان جائدادوں پر اپنا تسلط حاصل کرلے گی، اس لیے کہ ہندوستان میں اوقاف کی تاریخ بہت پرانی ہے، اور بہت سی مساجد ہیں جو چار سو یا پانچ سو سال پرانی ہیں ظاہر ہے کہ ان کا کوئی ریکارڈ تلاش کرنا ممکن نہیں ہے اس کے وقف ہونے کا یہی ثبوت ہے کہ اس کو اتنے سالوں سے بطور وقف کے استعمال کیا جارہا ہے قانون کی یہ شق بھی سیدھے طور پر مسلمانوں کے اوقاف کو ہڑپنے اور ان کو اپنی اوقاف سے بے دخل کرنے جیسا ہے اس طرح بہت سی مساجد اور مدارس بھی مسلمانوں کے ہاتھ سے نکل سکتے ہیں۔

بل میں یہ بھی ہے کہ کوئی شخص اگر اپنی پوری جائداد کو وقف کرے تو اس کا ایک تہائی ہی وقف مانا جائے گا یہ مسئلہ بھی شرعی طور پر درست نہیں ہے، اگر کوئی شخص اپنی زندگی میں صحت کی حالت میں اپنی پوری جائداد وقف کردے تو وہ وقف درست ہے ہاں اولاد کو محروم کرنا درست نہیں ہے بعض مرتبہ کسی کا کوئی قریبی وارث نہیں ہوتا جس نے اس کی دیکھ ریکھ کی ہو اور اس کی زندگی کی آخری لمحات میں اس گاؤں کی مسجد یا مدرسہ کمیٹی نے اس شخص کی دیکھ ریکھ کی تو وہ شخص اپنی پوری جائداد مسجد کے نام یا مدرسہ کے نام وقف کردیتا ہے تو وہ وقف درست ہے شرعی طور پر اس میں کوئی قباحت نہیں ہے جب کہ اس قانون میں ایسا کرنے سے منع کیا گیا ہے اور ایک تہائی سے زیادہ کو درست نہیں مانا گیا ہے۔

نئے قانون کی ایک شق یہ ہے کہ اختلاف نزاع کی صورت میں وقف کے ہونے نہ ہونے کا اختیار ضلع مجسٹریٹ کو ہوگا ابھی اس سلسلے میں وقف ٹربیونل ہے جس میں یہ فیصلہ ہوتا ہے جس کو صوبائی چیف جسٹس مقرر کرتا ہے لیکن اگر تمام تر اختیارات ضلع انتظامیہ کو دے دیا گیا کلکٹر جس زمین کے بارے میں یہ لکھ دے کہ یہ سرکاری زمین ہے تو وہ سرکاری زمین مان لی جائے گی اس طرح جہاں جہاں مسجد و مندر کا مقدمہ چل رہا ہے وہاں آسانی سے صرف کلکٹر سے لکھوا کر زمین کو حاصل کیا جاسکتا ہے اسی طرح اوقاف کی نصف جائدادوں پر اس وقت خود حکومت قابض ہے اگر صوبہ کے وزیر اعلی کا کوئی حکم ضلع انتظامیہ کو آجائے تو ضلع انتظامیہ کے لیے اس کے خلاف فیصلہ کرنا آسان نہیں ہوگا۔ اس طرح وقف بورڈ کے اختیارات دھیرے دھیرے ختم ہوجائیں گے۔ بل کی تمام شقوں کو پڑھا جائے تو صاف ہوجاتا ہے کہ وقف کے تعلق سے حکومت کی نیت درست نہیں ہے، مسلمانوں کی اتنی بڑی جائدادوں کو اپنے قبضہ میں لے کر مزید مسلمانوں کو مفلوج کرنے اور اپنے لوگوں کو فائدہ پہونچانے کا منشاء ہے۔ موجودہ قانون کی وجہ سے واقف کے منشاء کے خلاف وقف کا استعمال ہوگا، وقف ٹربیونل کی جگہ کلکٹر راج قائم ہوگا اور کلکٹر جو چاہے گا فیصلہ کرے گے، جن وقف کی جائداوں پر نزاع ہے ان میں کلکٹر کا فیصلہ آخری ہوگا، مجوزہ قانون کی وجہ سے خود حکومت سابقہ اوقاف کے قوانین بے حیثیت ہوجائیں گے۔ وقف جو کہ شرعی عمل سے اس میں حکومت کی مداخلت ہوگی اور مذہبی کاموں پر عمل کی آزادی سلب ہوجائے گی۔ وقف بورڈ کی خودمختاری خطرے میں پڑجائے گی۔

☆☆☆

پروفیسر مجید بیدار - سابق صدر شعبۂ اردو، جامعہ عثمانیہ، حیدرآباد

"گھٹا کا رُخ" کی شاعری کا تنقیدی جائزہ

حیدرآباد کی سرزمین کو شعر و ادب ہی نہیں، بلکہ فنونِ لطیفہ کی سرفرازی کا اہم موقف حاصل رہا ہے۔ قطب شاہی دور سے ہی یہ سرزمین علم و فن کا گہوارہ اور فنِ تعمیر کی نمائندہ خصوصیات کی حامل رہی ہے۔ قطب شاہی بادشاہوں کی مادری زبان فارسی تھی، لیکن انہوں نے اس علاقہ میں فروغ پانے والی دکنی زبان کی سرپرستی کرتے ہوئے اپنے دورِ اقتدار میں دکنی کے دو اہم شاعروں ملاّ وجہی اور ملاّ غواصی کو ملک الشعراء کے اعزاز سے سرفراز کیا، جس سے قطب شاہی بادشاہوں کی ادب دوستی کا ثبوت فراہم ہوتا ہے۔ اسی طرح جب دکن کے مرکزی مقام حیدرآباد پر آصف جاہی سلطنت کا قبضہ ہوا تو دوسرے آصف جاہی حکمران نواب میر نظام علی خاں کے عہد سے ہی شعر و ادب کی سرفرازی کا سلسلہ جاری رہا۔ چنانچہ آصف جاہی دور میں دہلی کی غزل کو رومانیت سے وابستہ کرنے والے داغ دہلوی اور لکھنو کی شعری روایت کو غزل سے جوڑنے والے اہم شاعروں جیسے امیر مینائی اور فصاحت جنگ جلیل کے توسط سے حیدرآباد کی اردو غزل کو اعتبار کا درجہ حاصل ہوا۔ اسی دوران سید علی حیدر نظم طباطبائی اور شبیر حسن خاں جوش ملیح آبادی کی نظموں کی وجہ سے حیدرآباد کی غزل اور نظم کی شاعری میں روایات کے ساتھ ساتھ ترقی پسند رجحانات کا آغاز بھی ہوا۔ سولہویں صدی سے لے کر بیسویں صدی تک حیدرآباد کو علم و فن ہی نہیں، بلکہ شعر و ادب کے گہوارہ کا درجہ حاصل رہا ہے۔ چنانچہ اس شہر میں آزادی سے قبل اور آزادی کے بعد شعر و ادب کی زلفیں سنوارنے والے شاعروں کی صف میں بے شمار نام موجود ہیں۔ ایسے ہی حیدرآبادی شاعروں میں مرزا حامد علی بیگ المتخلص بہ حامد مغل کا شمار ہوتا ہے، جنہیں اردو شاعری کے مزاج اور غزل کے شعری رویے کو پیش کرنے کا خصوصی وصف حاصل رہا تھا۔ انہیں حیدرآباد کے ایسے غزل گو شعراء میں شمار کیا جاتا ہے، جنہوں نے غزل کی حیثیت کو بھرپور نمائندگی دینے کے لئے اساتذہ سے استفادہ بھی کیا اور روایتی غزل کے انداز کو برقرار رکھتے ہوئے غزل کی نئی روایات کو پیش کرنے پر توجہ دی۔ غرض ان کے شاعرانہ احساسات کو نمائندگی دینے کے لئے ان کے دامادِ محترم ڈاکٹر محمد شاہد صدیقی (علیگ) نے سالِ رواں "گھٹا کا رُخ" کے عنوان سے شعری مجموعہ کی اشاعت عمل میں لائی ہے۔ کلام کے مطالعہ سے اندازہ ہوتا ہے کہ حامد مغل کی پیدائش 15 نومبر 1939ء کو حیدرآباد میں ہوئی اور انہوں نے اپنے والدین سے تعلیم و تربیت حاصل کر کے پبلک سروس کمیشن کا امتحان کامیاب کیا اور چیف اکاؤنٹس آفیسر کی حیثیت سے نومبر 1997ء کے دوران ملازمت سے سبکدوشی اختیار کی۔ اردو شعر و ادب کی نمائندگی کرتے ہوئے 4 اگست 2018ء کو انہوں نے اپنا آخری سفر بھی مکمل کر لیا۔ موجودہ معاشرے میں ورثہ کو سنبھالنے اور اسے دور تک پہنچانے کی کوشش معدوم ہوتی جا رہی ہے، لیکن یہ بھی خوش آئند بات ہے کہ ڈاکٹر محمد شاہد صدیقی نے اپنی ذمہ داری نبھاتے ہوئے "گھٹا کا رُخ" کے توسط سے غزلیات کا مجموعہ پیش کیا ہے اور انہوں نے حامد مغل کی شاعری کا انتساب اپنی خوش دامن بدر سلطانہ کے نام معنون کر کے آخری صفحہ پر حیدرآباد کے نامور شاعر رحمٰن جامی کے تاثرات کو بھی نمائندگی دی ہے۔ غرض حامد مغل کی یادگار تصاویر سے مزین "گھٹا کا رُخ" جیسے شعری مجموعہ کو منظرِ عام پر لاتے ہوئے ڈاکٹر محمد شاہد صدیقی نے وراثت کی منتقلی کا کارنامہ انجام دیا ہے، جس کے لئے وہ

مبارکبادی کے مستحق ہیں۔ 109 صفحات پر مشتمل اس کتاب کی قیمت 200 روپئے انتہائی واجبی ہے' تاہم موجودہ دور کے اردو معاشرے میں دن بہ دن مطالعہ سے بے نیازی کی وجہ سے یہ توقع رکھنا کہ اس شعری مجموعہ کو اعتبار کا درجہ حاصل ہوگا' بلاشبہ کسی بہت بڑی غلط فہمی سے تعبیر کیا جائے گا۔

حامد مغل کی غزلوں سے اندازہ ہوتا ہے کہ انہوں نے اپنی شاعری کو غزلِ مسلسل سے وابستہ رکھا۔ چنانچہ طویل غزلوں میں قافیہ اور ردیف کے رچاؤ کو برقرار رکھنے میں وہ پوری طرح کامیاب ہیں۔ یہی نہیں' بلکہ وہ شائستہ اور انسانی زندگی کی حقیقت میں عشق و محبت کی ضرورت اور اہمیت کو بھی قدر کی نگاہ سے دیکھتے ہیں۔ اسی کے ساتھ انہوں نے غزل کی شاعری میں مردف اور غیر مردف غزلوں کا اہتمام بھی کیا ہے۔ رواں بحروں اور سادہ الفاظ کے ساتھ رومانی خیالات کی نمائندگی ہی ان کی غزل کا خصوصی وصف ہے۔ بلاشبہ انہوں نے حالات اور مسائل کے سلسلہ میں بھی غزل میں بھرپور نمائندگی کی طرف توجہ دی ہے۔

اس شعری مجموعہ کو پیش لفظ اور تعارف کے علاوہ عذر جسارت اور زندگی نامہ جیسے موضوعات سے آراستہ کیا گیا ہے' تاہم غزلیات کی فہرست درج نہیں ہے۔ ایک غزل کو دو صفحات میں شائع کر کے مرتب نے شعری حسن کو برقرار رکھا ہے۔ حامد مغل نے غزل کی شاعری کو صرف روایات کا پاسدار ہی نہیں رکھا' بلکہ جدید افکار کی نمائندگی پر بھی توجہ دی ہے۔ قافیہ اور ردیف کی چست بندش سے ان کی شعری خوبی میں اعتماد شامل ہوتا ہے' جس کی وجہ سے ہر غزل میں نغمگی اور موسیقی کی کیفیت نمایاں نظر آتی ہے۔

غزلِ مسلسل میں خیالات کی ترسیل میں بڑی آسانی ہوتی ہے' لیکن تسلسل کے دوران فکر کی نمائندگی حد درجہ دشوار ہوتی ہے' لیکن حامد مغل کا شعری رویہ اس قدر محتاط اور جمالیاتی احساس سے وابستہ ہے کہ ان کی غیر مردف غزل بھی رومانیت کے ساتھ ساتھ حقیقت کی نشاندہی کرنے کا سبب بن جاتی ہے۔ چنانچہ ان کی مردف غزل کا احساس چند اشعار کے ذریعہ نمایاں کیا جا رہا ہے۔

نگاہیں چرا کر نگاہیں ملاؤ
چلے آئیں گے سر کے بل آزماؤ
مجھے زہر دے کر کہیں پھنس نہ جاؤ
مریض شکر ہے' شکر دے کے مارو
بھٹکنے لگا ہے بہت دل تمہارا
حسینوں کی زد سے خدارا بچاؤ
مقامات آدابِ محفل ہیں حامد
مسلسل کسی سے نہ نظریں ملاؤ

بلاشبہ غزل تحریر کرنا ایک بہت محتاط فن کا درجہ رکھتا ہے۔ عام طور پر غزل کے شعراء میں فلمی دھنوں پر لکھے جانے والے گیتوں کا اثر بھی غالب ہوتا ہے۔ اگرچہ اس غزل میں آزماؤ کا قافیہ بچاؤ اور ملاؤ ضرور شامل ہوسکتا ہے' لیکن اس کے قافیہ کو مارو کی حیثیت سے پیش کرنا مناسب نہیں۔ اس غزل کے مطالعہ کے بعد یہ احساس پیدا ہوتا ہے کہ فلمی گیت کا مشہور مکھڑا ضرور حامد مغل کے پیش نظر رہا ہوگا۔ فلمی گیت کا شعر ملاحظہ ہو۔

آواز دے کر ہمیں تم بلاؤ
محبت میں اتنا نہ ہم کو ستاؤ

جمالیاتی احساس کا جذبہ جب غالب ہوتا ہے تو اس کے لئے شاعر کی فکر کا کسی بھی گیت اور قدیم شاعر کے شعری تخیل سے ٹکرا جانا کوئی اہم بات نہیں ہے۔ نئے قوافی اور ردیف میں غزل لکھنے کا اہتمام بھی حامد مغل کی شاعری میں دکھائی دیتا ہے۔ وہ روایتی قوافی کو عصری ردیف سے ہم آہنگ کر کے غزل لکھنے میں اپنی مہارت کا اظہار کرتے ہیں۔ غزل کی شاعری کے ذریعہ انہوں نے واضح کر دیا ہے کہ کہنہ روایات کو وہ اگرچہ ناپسند کیا جاتا ہے' لیکن رسم و رواج کی پابندی کرتے ہوئے انسان نے ایسے طریقے ضرور اختیار کر لئے ہیں کہ جس کی جکڑ بندی سے نجات حاصل کرنا اب ممکنات میں شامل نہیں ہے۔ ان کی ردیف ''زنجیر'' والی غزل سے نتائج اخذ کرنے اور ان کی شعری روش کو سمجھنے میں بڑی آسانی ہو جاتی ہے۔ یہ غزل

بھی 16 اشعار پر مشتمل ہے، جبکہ عام طور پر غزل لکھنے کے لئے طاق اعداد کا استعمال ہوتا ہے، لیکن حامد مغل نے پتہ نہیں کیوں اس غزل کے ذریعہ طاق اعداد کے بجائے جفت اعداد کی نمائندگی پر توجہ دی۔ غزل کا پرتَو خود ثابت کرتا ہے کہ حامد مغل نے غزل کی شاعری کو روایات اور مسائل سے مربوط رکھنے پر خصوصی توجہ صَرف کی ہے۔ اس حقیقت کو تلاش کرنے کے لئے ان کی غزل کے چند اشعار بطور نمونہ پیش ہیں۔ یہ غزل درحقیقت ان کے تجربات اور عملی کارناموں کا نتیجہ سمجھی جائے گی ۔چنانچہ چند اشعار ملاحظہ ہوں۔

مضبوط ہے یہ کہنہ روایات کی زنجیر
ٹوٹے گی کہاں جاکے رسومات کی زنجیر
آجاتے ہیں جذبات عمل داری میں اس کی
قابو سے نکل جاتی ہے جذبات کی زنجیر
دل میں نہ کبھی اس کو ذرا سی بھی جگہ دو
کردار بدل دے گی خصومات کی زنجیر
پہنو نہ کسی کے کبھی بہکاوے میں آکر
فرقہ کی بڑی تنگ نظریات کی زنجیر
اب بس بھی کرو کتنے سوالات کرو گے
ہوتی ہی نہیں ختم سوالات کی زنجیر
انساں کو بنادیتی ہے شیطان کا چیلہ
یہ تنگ دلی یہ نظریات کی زنجیر
نقصان رساں ہوتی ہے نیت کی خرابی
جوڑو نہ فقط اپنے مفادات کی زنجیر
مضبوطی ارادوں میں کبھی آ نہ سکے گی
کھولو گے اگر دل سے نہ خدشات کی زنجیر
حالات تو کرتے تھے تغیر کا تقاضہ
پہنی نہ کبھی اپنے مفادات کی زنجیر

اس غزل کے اشعار سے خود اندازہ ہوتا ہے کہ شاعر نے بہت سے مصرعے ایسے تحریر کئے ہیں، جو دوسرے مصرعہ کو نبھانے کے لئے استعمال ہوئے ہیں۔ اس غزل کے اشعار سے یہ ثبوت بھی ملتا ہے کہ حامد مغل کے شعری دنیا کو سنوارنے کے لئے استادِ محترم کی جستجو کو بھی غزل کے اشعار میں شامل کیا ہے۔ دو رکنی اور سہ رکنی ردیف کو نبھانے کا ہنر بھی ان کی غزلوں کا خصوصی وصف ہے۔ یہی وجہ ہے کہ وہ غزل میں تغزل کی کیفیت سے زیادہ اس کی فنی خصوصیت پر توجہ دیتے ہیں۔ شائد یہی وجہ ہے کہ حامد مغل کی غزلوں میں تغزل سے زیادہ فن کی گہرائی اور گیرائی کا اندازہ لگایا جاسکتا ہے۔ چونکہ وہ قوافی اور ردیف کو نبھانے میں محنت صَرف کرنے کے عادی ہیں، اس لئے ان کے اشعار میں جمالیاتی احساس کا انداز کم اور فکر کی احساس کا عنصر غالب ہو جاتا ہے۔ تین رکنی ردیف کے ساتھ ان کی ایک غزل کے اشعار ملاحظہ ہوں، جن میں رومانی احساس کی گرمی کو فکر پر غلبہ کا جذبہ قرار دیا جاسکتا ہے۔

وہ لوگ بھی تو آخر انسان کب ہوئے ہیں
پورے کوئی بھی جن کے ارمان کب ہوئے ہیں
کیسا تھا جادو جانے آنکھوں میں اس حسیں کے
اب تک ٹھکانے اپنے اوسان کب ہوئے ہیں
کترا رہے ہیں ان سے اظہارِ عشق کرتے
ان کی طرح سے ہم بھی ذیشان کب ہوئے ہیں
موقع ملا ہے ہم کو کرنے کا میزبانی
زحمت ہے اس میں کیسی مہمان کب ہوئے ہیں
حسرت لئے دلوں میں یوں ہی گزر گئے وہ
مطبوعہ جن کے کوئی دیوان کب ہوئے ہیں

غزل کے علاوہ حامد مغل نے قطعات بھی لکھے ہیں اور بعض جگہوں پر ان کا ایک ایک شعر بھی درج کیا گیا ہے۔ احساس کی جمالیاتی خصوصیت کو نمائندگی دینے اور غزلِ مسلسل کے انداز کو واضح کرنے کے لئے حامد مغل کی فکر حد درجہ انسانیت دوست ہے۔ اس دوران بھی وہ حسن و عشق کی کیفیت کو واضح کرنے کی خصوصیت کا اظہار کرتے ہیں۔ لازمی ہے کہ ان کے شعری مجموعہ میں شامل بہت سی غزلیں بے ساختہ ہیں اور ان کے توسط سے سہل

ممتنع کی روایت بھی فروغ پاتی ہے۔ ان کی مشہور غزل کے چند اشعار جس سے خود اندازہ ہوتا ہے کہ صلح کل ان کی شاعری کا قیمتی وصف ہے' جس کا اظہار ان کی اس غزل سے واضح ہوتا ہے۔

اتنی کیوں ہے برہمی میں نے کہا
کیا خطا مجھ سے ہوئی میں نے کہا
دوستوں کی محفلیں چھوڑے ہوئے
ایک مدت ہوگئی میں نے کہا
زندگی کا چوس لیتی ہے لہو
وہ بلا ہے مفلسی میں نے کہا
ہوگئی مدہوش میری زندگی
پی کے جامِ عاشقی میں نے کہا

ردیف کو نبھانے کے لئے قافیہ کا برجستہ استعمال خود یہ ثابت کرتا ہے کہ حامد مغل کی شاعری اگرچہ سہل ممتنع کا نمونہ ہے' لیکن مختصر بحر کے ساتھ ساتھ طویل بحر میں بھی وہ اظہار کی ندرت کو حقائق سے وابستہ کرنے میں کامیاب ہو جاتے ہیں۔ ان کی بیشتر غزلوں میں عصری حقیقتوں کا کرب ظاہر ہوتا ہے۔ انہوں نے اپنے تجربوں سے حقیقتوں کی عکاسی پر خصوصی توجہ دی ہے۔ یہی وجہ ہے کہ غزل کو حسن و عشق کی روش سے وابستہ کرنے کے ساتھ ساتھ عصری حسیت کو واضح کرنے میں ان کے اشعار کی حقیقت کو محسوس کیا جا سکتا ہے۔ چنانچہ وہ نئے قافیوں اور ردیف کی کیفیت کو نبھانے میں شعر کے حسن کو دوبالا کرنے کا فریضہ بھی انجام دیتے ہیں۔ عجیب و غریب قافیوں کو نبھاتے ہوئے انہوں نے جس انداز کی غزل لکھی ہے' اس کے سرور اور کیفیت کے انداز کو ملاحظہ فرمایئے۔

اونچے اُڑے وہ اتنے کہ آکاش ہوگئے
پھر آگرے زمیں پہ تو صدپاش ہوگئے
پھنس کے ہوس کے جال میں عیاش ہوگئے
برباد اس طرح ہوئے کہ قلاش ہوگئے
شعلہ بدن کے آتے ہی محفل میں یوں لگا
فکر و نظر کے زاویے اوباش ہوگئے
آندھی کی زد میں آگئی تعمیر آشیاں
پھل پھول تھے جو پیڑوں پہ سب تاش ہوگئے

حد درجہ ثقیل قافیوں کو نبھانے اور اس کے توسط سے افکار کی نشاندہی کے طرز سے خود اندازہ ہوتا ہے کہ حامد مغل نے غزل کی شاعری کو عصری حسیت کے ساتھ ساتھ جمالیاتی خصوصیت سے آراستہ کیا ہے' جس کے ساتھ ہی انسانیت کا درد اور انسان کو سنوارنے کی کیفیت کا انداز بھی ان کی غزل کا حصہ ہے۔ چنانچہ اس کیفیت کی نشاندہی کے لئے ان کی فکر کو جلا دینے والی ایک غزل کے چند اشعار بطور نمونہ پیش ہیں۔

آلودہ ذہنیت سے بچاتا ہوں آج بھی
کردار آدمی کا نبھاتا ہوں آج بھی
کتنی حقیقتوں کو چھپاتا ہوں آج بھی
قصے وفا کے تیری سناتا ہوں آج بھی
مایوسیوں نے دل میں اندھیرا نہیں کیا
امید کا دیا میں جلاتا ہوں آج بھی
ملتا نہیں ہے مجھ کو مسیحا اسی لئے
زخموں کو اپنے دل کے چھپاتا ہوں آج بھی
آتی ہے یاد جب کسی بچھڑے رفیق کی
دل کو شریکِ غم میں بناتا ہوں آج بھی

اس غزل میں حامد مغل نے اپنے احساسات کی شدت کو نمایاں کیا ہے۔ اسی کے ساتھ یہ حقیقت بھی واضح ہوتی ہے کہ اس طویل غزل میں 28 اشعار شامل ہیں اور یہ غزل صفحہ 61 سے 66 تک اپنی فکر کی نمائندگی کرتی ہے۔ ''گھٹا کا رُخ'' جیسے عنوان سے خود اندازہ ہوتا ہے کہ حامد مغل نے اپنی شاعری کو حسن و عشق کی سرگرمیوں کے علاوہ باضابطہ انسانیت کے جذبات اور احساسات سے وابستہ کر کے دنیا میں بسنے والے انسانوں کو اشرف المخلوقات کی ڈگر پر عمل پیرا رکھنے کا ارادہ ظاہر کیا ہے۔

اس پس منظر میں اندازہ ہوتا ہے کہ وہ کسی اعتبار سے بھی حسن پرستی اور عشق پرستی کو نظر انداز کرنے کا طریقہ اختیار نہیں کرتے' کیونکہ زندگی کے اہم عوامل میں ان دونوں معاملات کا اثر و رسوخ شامل ہے۔ عام شاعروں کی طرح حامد مغل نے عشق حقیقی اور عشق مجازی کی نمائندگی نہیں کی' بلکہ ثابت کیا کہ زمینی عشق ہی انسان کے کردار کو بلند تر بنانے کا ذریعہ قرار پاتا ہے'اس لئے وہ بہت سے اخلاقی اور تہذیبی عناصر کو غزل کے اشعار میں ڈھال کر ان کی توسیع اور عملی صورت گری کے لئے شاعری کے وصف کو استعمال کرتے ہیں۔ غرض ان کی شاعری کو صرف شاعرانہ مزاج کی حامل نہیں' بلکہ باضابطہ فکر و سخن کی بالیدگی سے تعبیر کیا جائے تو بہتر ہے۔ یہ بھی حقیقت ہے کہ اس قسم کی شاعری کو پیش کر کے حامد مغل نے اپنی علحدہ شناخت بنانے کی کوشش کی ہے۔ اس سے زیادہ اہم حقیقت یہ بھی ہے کہ شاعری کے مزاج داں اور تحقیق و تنقید کے ذریعہ اپنا وقار بنانے والے ابھی تک حامد مغل کی شعری کیفیاتی فضاء کو نمائندگی دینے میں کامیاب نہیں ہوئے' لیکن یہ بھی کیا کم ہے کہ ان کے شعری تاثرات کو منظر عام پر لانے کے لئے ڈاکٹر محمد شاہد صدیقی نے ''گھٹا کا رُخ'' کے زیرِ عنوان غزلیات کا مجموعہ پیش کیا ہے۔ اس کامیاب نمائندگی کے لئے ان کی خدمت میں مبارکبادی کا تحفہ پیش کرنا درحقیقت حیدر آباد کی شاعری میں عمدہ رجحانات کو شامل کرنے کے مترادف قرار دیا جائے گا۔

سید مہتاب عالم

اگر آپ پڑھا ہوا علم بھول جاتے ہیں تو علم میں پختگی کیسے آتی ہے

اکثر طلباء و طالبات پریشان ہوتے ہیں کہ جو پڑھتے ہیں وہ بھول جاتے ہیں جبکہ حقیقت میں یہ پریشانی کی وجہ بالکل بھی نہیں ہے آگے آنے والی تحقیق کو دھیان سے پڑھیں ان شاءاللہ راحت پائیں گے اور مایوسی سے نجات ملے گی۔

کبھی آپ نے غور کیا کہ

علم کی پختگی کیا ہے؟

رسوخ فی العلم کیا ہے؟

تفقہ کیا ہے؟

علم کی پختگی یہ نہیں کہ آپ نے جو کچھ پڑھا وہ آپ کو ہر وقت یاد رہے!

علم کی پختگی، رسوخ فی العلم، تفقہ یہ ہے کہ علم آپ کے قلب و ذہن میں رچ بس جائے۔

جب علم اور علم کی روح آپ کے گوشت پوست قلب و ذہن میں اتر جاتی ہے تو عباراتِ کتب مِن وعَن آپ کے ذہن میں نہ بھی ہوں ان کا درست مفہوم ہمیشہ ذہن میں رہتا ہے۔ یہی علوم کی پختگی ہے۔ یہی رسوخ فی العلم ہے۔

یہی تفقہ ہے۔

بلکہ کبھی تو عبارت نہ عبارت کا مفہوم کچھ بھی ذہن میں نہیں ہوتا مگر علم والا درست بتا دیتا ہے۔

بھلا کیسے؟

کیونکہ علم اس کی روح میں اتر چکا ہے رسوخ فی العلم ہو چکا ہے اور یہی شرحِ صدر ہے۔

اور جسے شرح صدر حاصل ہو وہ مزاجِ اسلام اور مقاصدِ شریعت بخوبی جانتا ہے۔ اور یہ (شرح صدر) اور وہ (مزاج اسلام کی معرفت) اس بندے کو معاصر علماء سے نہ صرف ممتاز بلکہ بلند کر دیتی ہے۔

قرآن کریم نے فرمایا:

اَفَمَنْ شَرَحَ اللّٰهُ صَدْرَهٗ لِلْاِسْلَامِ فَهُوَ عَلٰى نُوْرٍ مِّنْ رَّبِّهٖ فَوَیْلٌ لِّلْقٰسِیَةِ قُلُوْبُهُمْ مِّنْ ذِكْرِ اللّٰهِ اُولٰٓىٕكَ فِیْ ضَلٰلٍ مُّبِیْنٍ. ترجمہ کنزالایمان

تو کیا وہ جس کا سینہ اللہ نے اسلام کے لیے کھول دیا تو وہ اپنے رب کی طرف سے نور پر ہے اس جیسا ہو جائے گا جو سنگ دل ہے تو خرابی ہے ان کی جن کے دل یادِ خدا کی طرف سے سخت ہو گئے ہیں وہ کھلی گمراہی میں ہیں۔

جس کو شرحِ صدر نصیب ہو جائے وہ عالمِ ربانی ہے اس کی نگاہ کتابوں کی عبارات کے حفاظ سے بہت باریک ہوتی ہے۔ امام حسن بصری نے فرمایا:

الفتنة إذا أقبلت عرفها كل عالم وإذا أدبرت عرفها كل جاهل.

فتنہ جب آتا ہے تو ہر عالم اسے پہچان لیتا ہے اور جب واپس پلٹتا ہے یعنی ختم ہو جاتا ہے تب ہر جاہل جان لیتا ہے کہ یہ فتنہ تھا۔

اخلاق العلماء للآجری

علم حفظ روایات کا نام نہیں نہ رٹا مار کر عبارات یاد کر

لینے کا نام ہے نہ ہی ذہانت کے بل پر روایات و واقعات مع جلد وصفحہ یاد رکھنے کا نام ہے۔

علم تو وہ ہے جس کے بارے امام مالک نے فرمایا:

إن العلم ليس بكثرة الرواية إنما العلم نور يقذفه الله في القلب.

علم کثیر روایت کا نام نہیں بلکہ علم تو ایک نور ہے جسے اللہ رب العزت دل میں ڈال دیتا ہے۔ درمنثور

جب یہ نور دل میں سماتا ہے شرح صدر نصیب ہوتا ہے آنکھوں سے پردے ہٹ جاتے ہیں۔

دل درست سمت سوچتا ہے دل کے سوچنے کا معیار درست ہو جاتا ہے۔ یہ سب کیسے ہوتا ہے؟

کثرت سے مطالعہ کے سبب اور جو پڑھا اس کی تہ تک پہنچا جائے۔

امام شعبی کا دلچسپ فرمان ہے:

جتنا میں نے بھلا دیا اگر کوئی یاد کر لے وہ عالم بن جائے۔ یعنی اتنا علم میں بظاہر بھول چکا ہوں کہ کوئی اور وہ جان لے تو عالم بن جائے۔

جبکہ حقیقت یہ تھی کہ جو امام شعبی بھول چکے وہ بھولے نہیں ان کے گوشت پوست , ذہن وقلب میں سرایت کر چکا تھا۔ جیسا کہ میں نے اوپر بیان کیا جب علم گوشت پوست ذہن وقلب میں اتر جائے تو یاد نہ بھی رہے تو رسوخ فی العلم حاصل ہو جاتا ہے

ذہن کو کسی کی سوچ کے مطابق نہ ڈھالیں سوائے امامِ مذہب جس کی آپ تقلید کرتے ہیں اس کے!

استاذ ضرور بنائیں مگر اپنی سوچ کے پرندے کو پنجرے میں بند مت کریں۔

ایک فقیہ کا فرمان ہے:

جو ایک استاذ کا شاگرد رہتا ہے وہ پیچھے رہ جاتا ہے

اپنے استاذ سے ہٹ دوسرے علماء کو سنیں پڑھیں ذہن کہ گرہیں کھلتی ہیں۔

اسلاف کی سیرت پڑھیں

یہاں آپ کو نہایت قیمتی نکتہ بیان کر دیتا ہوں ، اکثر طلباء و طالبات غلطی کرتے ہیں کہ علوم وفنون کی کتابیں تو پڑھتے ہیں مگر سیرتِ علماء وفقہاء وصوفیاء ومحدثین سے غافل رہتے ہیں۔

اللہ کے بندو!

شرحِ صدر ان کے احوال پڑھنے سے نصیب ہوگا۔ فقہاء وصوفیاء ومحدثین کے حالات پڑھنے سے مزاجِ اسلام سمجھ آئے گا۔ لہٰذا جو پڑھا اس کو یوں سمجھیں جیسے خوراک جزوِ بدن بن جاتی ہے مگر نظر نہیں آتی ویسے ہی آپ کو بظاہر بھولا ہوا علم جزوِ قلب بن گیا ہے۔

اس پڑھی مگر بھولی ہوئی بات کی تاثیر آپ کے دل میں بیٹھ گئی ہے۔ آپ مطالعہ کو کثیر کریں آپ کی افکار میں تبدیلی آتی جائے گی۔

یہی تو دلیل ہے کہ علم بڑھ رہا ہے اگرچہ بظاہر آپ کو نہ عبارت یاد ہوتی ہے نہ کتاب نہ جلد یاد رہتی ہے۔

علم کا نچوڑ آپ کے جسم میں اتر رہا ہے یہی رسوخ فی العلم کی ابتداء ہے!

لہٰذا گھبرائیں نہیں مطالعہ جاری رکھیں ۔ ایک وقت آئے گا اگر آپ کو رسوخ فی العلم نصیب ہوا آپ کو شرحِ صدر ملا تو آپ کے اندازے بھی علمِ یقین کی طرح پختہ ہوں گے!

☆☆☆

محمد سالم قاسمی سریانوی۔ جامعہ عربیہ احیاء العلوم مبارک پور، اعظم گڑھ یوپی

سوشل میڈیا اور اردو زبان و ادب

آج کا انسان اکیسویں صدی میں زندگی بسر کر رہا ہے، جو صدی سائنس اور ٹکنالوجی کی صدی ہے، ہر بدلتا دن نئے منظر نامہ کے ساتھ طلوع ہوتا ہے، ہر آن کچھ نہ کچھ نیا ہوتا رہتا ہے، وقت اور حالات کے بدلنے سے نیا پن آتا رہتا ہے، ابھی چند سالوں پہلے سوشل میڈیا کا کوئی تصور نہیں تھا، لوگوں کو اس سے کوئی واقفیت نہیں تھی، مگر دیکھتے دیکھتے پوری دنیا اس کی دیوانی اور اسیر ہوگئی ہے، شاید ہی اَب ایسے افراد پائے جائیں جو سوشل میڈیا سے واقف نہ ہوں، یہ گرچہ ممکن ہے کہ سوشل میڈیا کا استعمال نہ کرتے ہوں مگر ان کے نام سے تو ضرور واقف ہوں گے۔

''سوشل میڈیا'' عوامی ذرائع ابلاغ اور ترسیل کا ایک حصہ ہے، جو ابلاغ و ترسیل کے دیگر ذرائع میں اِس وقت سب سے مقبول ذریعہ ہے، پہلے کا دور الگ تھا جب لوگ مطبوعہ چیزوں کو خریدتے اور پڑھتے تھے، ٹکنالوجی نے اس میں ایسا انقلاب برپا کر دیا کہ سب کچھ بدل گیا، طبع زاد مواد کے بالمقابل برقی مواد نے جگہ لے لی ہے اور مسلسل اس میں اضافہ ہو رہا ہے، آج سوشل میڈیا کا استعمال بے شمار کاموں کے لیے ہو رہا ہے، سماجی اور باہمی روابط اور تعلقات کے لیے پہلے جانا پڑتا تھا، ملاقاتیں ہوتی تھیں، خطوط لکھے جاتے تھے، ڈاک کا نظام چلتا تھا، اب بھی یہ وسائل ہیں، مگر کم فرصتی اور عجلت بازی نے سوشل میڈیا کی مقبولیت میں بے پناہ اضافہ کر دیا ہے۔

اب سوشل میڈیا کے سہارے اپنی بات دوسروں تک پہچانا آسان تر ہوگیا ہے، انگلیوں کے سہارے چند الفاظ لکھے اور سوشل میڈیا کے کسی بھی ایپ کا سہارا لے کر چند منٹوں میں اس کو بے شمار افراد تک پہنچا دیا، نہ وقت لگا، نہ محنت لگی، مگر آپ کی بات بے شمار افراد تک پہنچ گئی، یہی وجہ ہے کہ آج دنیا کو ایک گاؤں کے مانند کہا جاتا ہے، جہاں کم افراد رہتے ہیں، کوئی بھی بات ہوتی ہے تو منٹوں میں تمام افراد کو معلوم ہو جاتی ہے، اس وقت دنیا ٹکنالوجی کے سہارے ''گلوبل ولیج'' کی طرح ہوگئی ہے۔

بدلتے منظر نامہ کے ساتھ دنیا کی تمام زبانوں نے خود کو نئے رخ اور تبدیلیوں کے مطابق ڈھالنے کی کوشش کی، جن میں اردو زبان بھی ہے، کسی بھی زبان کے زندہ رہنے کے لیے ضروری ہے کہ وہ عصری تقاضوں سے ہم آہنگ ہو، اگر اس میں ہم آہنگ ہونے اور جدید تقاضوں کے مطابق ڈھلنے کا نظام نہ ہو تو بہت جلد وہ زبان زوال کے رخ پر چل پڑے گی اور آہستہ آہستہ اس کا وجود ختم ہو جائے گا، اردو زبان کی اس ہم آہنگ ہونے کی خاصیت نے اس کو نئی بلندیوں سے ہم کنار کیا ہے، بدلتے منظر نامے کے ساتھ اس میں بہت کچھ فائدے ہوئے، گرچہ کئی ایک نقصانات بھی ہوئے ہیں، مگر پھر بھی جو فوائد ہیں وہ کم نہیں ہیں، اگر اہل اردو اپنی توجہات اور عنایات بہتر طریقے سے اس کی جانب کرلیں تو نقصانات کی تلافی کی جاسکتی ہے اور اردو زبان و ادب کو مزید بلندیوں سے ہم کنار کیا جاسکتا ہے۔

سوشل میڈیا کا استعمال دیگر زبانوں کے ساتھ اردو میں بھی متداول ہے اور برصغیر کے اندر بہت کثرت کے ساتھ استعمال ہے، جدید ٹکنالوجی کے ساتھ اردو کا ربط بڑھا ہے اور مضبوط ہوا ہے، شروعاتی دور میں تو بہت زیادہ مشکلات تھیں، مگر آہستہ آہستہ ان مشکلات کو دور کرنے کی کوشش کی گئی، جن کا بہتر

نتیجہ آج ہمارے سامنے ہے، آج کسی بھی سوشل میڈیا اکاؤنٹ پر ہم اردو لکھ سکتے ہیں، قارئین کو اردو پڑھنے میں کوئی گرانی نہیں ہوتی ہے، انٹرنیٹ پر اردو کا استعمال بخوبی کر سکتے ہیں، گرچہ بہت سی جگہ نستعلیق رسم الخط کے بجائے یونیکوڈ خط کا سہارا لینا پڑتا ہے، مگر اس پر بھی مسلسل کوششیں جاری ہیں، چناں چہ اب ایسے سسٹم وجود میں آگئے ہیں کہ آپ ان کے ذریعے موبائل اور کمپیوٹر کا تعلق نستعلیق رسم الخط سے جوڑ سکتے ہیں اور اسی رسم الخط میں موبائل اور کمپیوٹر کو بلاتکلف استعمال کر سکتے ہیں۔

سوشل میڈیا کے سہارے اردو لکھنے والوں کی تعداد میں بہت اضافہ ہوا ہے، وہیں قارئین کی تعداد بڑھی ہے، نئے لکھاڑیوں کی ایک بھیڑ ہے جو نثر و نظم ہر دو میں طبع آزمائی کر رہی ہے، یہ الگ بات ہے کہ اردو ادب کے معیار میں پیچیدگی پیدا ہوگئی ہے، کثرتِ تخلیق کی بنیاد پر ادب اور غیر ادب میں امتیاز کرنا مشکل ہو رہا ہے، ہر کوئی بلا کسی تحقیق اور معیار کے اپنی تخلیقات عام کر رہا ہے، اور اپنے سوشل میڈیا اکاؤنٹس کے سہارے عام افراد تک پہنچا رہا ہے، جس کو لوگ سراہتے بھی ہیں اور داد تحسین سے بھی نوازتے ہیں، لائک اور کمینٹ کرنے والوں کی ایک تعداد ہوتی ہے، جس کی وجہ سے لکھنے والے کا حوصلہ بلند ہوتا ہے اور وہ مسلسل تخلیقات میں اضافہ کرتا رہتا ہے، لیکن کسی رہنمائی اور شاگردی کے نہ ہونے کی وجہ سے ادبیت اور معیار میں وہی کمی باقی رہتی ہے جو شروع سے تھی، اس جانب خاص طور سے توجہ دینے کی ضرورت ہے، محض لکھنا کمال نہیں ہے، بل کہ ادبی معیار پر لکھنا کمال ہے، اس کے لیے جدوجہد اور کسی کی رہنمائی کی ضروت ہوتی ہے۔

سوشل میڈیا کے سہارے اردو لکھنے والوں کے لیے ضروری ہے کہ وہ زبان کا بھی خیال کریں اور اس کی ادبیت کا بھی لحاظ کریں، زبان کے اپنے قواعد اور اصول ہیں، جن کو برتنا ناگزیر ہے، ان قواعد واصول سے صرف نظری اردو کے لیے سخت نقصان دہ ثابت گی، اسی کے ساتھ لکھنے میں ادب اور معیار کا لحاظ بھی لازم اور ضروری ہے، اگر اس کا لحاظ نہیں ہوگا تو پھر ادب کا تماشہ بن جائے گا اور اردو زبان نے جو ادبی سرمایہ دیا ہے ان سب پر پانی پھر جائے گا۔

منتخب علمی و مذہبی مضامین کا ایک اور مجموعہ

مذہبی فکر و نظر: حصہ - ۳

مرتبہ : ڈاکٹر محامد ہلال اعظمی

بین الاقوامی ایڈیشن جلد منظر عام پر آرہا ہے